中华人民共和国
新法规汇编

2021
第12辑

司 法 部 编

中国法制出版社

编辑说明

一、《中华人民共和国新法规汇编》是国家出版的法律、行政法规汇编正式版本，是刊登报国务院备案并予以登记的部门规章的指定出版物。

二、本汇编收集的内容包括：上一个月内由全国人民代表大会及其常务委员会通过的法律和有关法律问题的决定，国务院公布的行政法规和国务院文件，报国务院备案并予以登记的部门规章，最高人民法院和最高人民检察院公布的司法解释。另外，还收入了上一个月内报国务院备案并予以登记的地方性法规和地方政府规章目录。

三、本汇编所收的内容，按下列分类顺序编排：法律，行政法规，国务院文件，国务院部门规章，司法解释。每类中按公布的时间顺序排列。报国务院备案并予以登记的地方性法规和地方政府规章目录按1987年国务院批准的行政区划顺序排列；同一行政区域报备两件以上者，按公布时间顺序排列。

四、本汇编每年出版12辑，每月出版1辑。本辑为2021年度第12辑，收入2021年11月份内公布的行政法规1件、国务院文件2件，补收8月份内公布的国务院文件1件，补收10月份内公布的行政法规1件、国务院文件1件，共计6件。

五、本汇编在编辑出版过程中，得到了国务院有关部门和有关方面以及广大读者的大力支持和协助，在此谨致谢意。

司法部

2021年12月

编辑说明

[illegible]

[illegible]

[illegible]

[illegible]……共 12 部……2021 年……2021 年 11 月……[illegible]

[illegible]

[illegible]

2021 年 12 月

目　录

行政法规

国务院文件

附：

行政法规

证券期货行政执法当事人承诺制度实施办法

（2021年9月8日国务院第148次常务会议通过 2021年10月26日中华人民共和国国务院令第749号公布 自2022年1月1日起施行）

第一条 为了规范证券期货领域行政执法当事人承诺制度的实施，保护投资者合法权益，维护市场秩序，提高行政执法效能，根据《中华人民共和国证券法》（以下简称《证券法》）等法律，制定本办法。

第二条 本办法所称行政执法当事人承诺，是指国务院证券监督管理机构对涉嫌证券期货违法的单位或者个人进行调查期间，被调查的当事人承诺纠正涉嫌违法行为、赔偿有关投资者损失、消除损害或者不良影响并经国务院证券监督管理机构认可，当事人履行承诺后国务院证券监督管理机构终止案件调查的行政执法方式。

第三条 行政执法当事人承诺制度的实施应当遵循公平、自愿、诚信原则，不得损害国家利益、社会公共利益和他人合法权益。

第四条 国务院证券监督管理机构应当确定专门的内设部门负责行政执法当事人承诺工作，并将该内设部门与负责案件调查的内设部门分别设置。

国务院证券监督管理机构应当建立健全内部监督和社会监督制度，加强对负责行政执法当事人承诺工作的内设部门以及相关人员执行法律、行政法规和遵守纪律情况的监督。

第五条 当事人自收到国务院证券监督管理机构案件调查法律文书之日至国务院证券监督管理机构作出行政处罚决定前，可以依照《证券法》等法律和本办法的规定，申请适用行政执法当事人承诺。国务院证券监督管理机构应当在送达当事人的案件调查法律文书中告知其有权依法申请适用行政执法当事人承诺。

第六条 当事人申请适用行政执法当事人承诺，应当提交申请书以及相关申请材料。申请书应当载明下列事项：

（一）当事人的基本情况；

（二）提出申请的主要事实和理由；

（三）当事人已采取或者承诺采取的纠正涉嫌违法行为、赔偿有关投资者损失、消除损害或者不良影响的措施；

（四）国务院证券监督管理机构规定的其他事项。

当事人应当对其所提交材料的真实性、准确性、完整性负责。

第七条 有下列情形之一的，国务院证券监督管理机构对适用行政执法当事人承诺的申请不予受理：

（一）当事人因证券期货犯罪被判处刑罚，自刑罚执行完毕之日起未逾 3 年，或者因证券期货违法行为受到行政处罚，自行政处罚执行完毕之日起未逾 1 年；

（二）当事人涉嫌证券期货犯罪，依法应当移送司法机关处理；

（三）当事人涉嫌证券期货违法行为情节严重、社会影响恶劣；

（四）当事人已提出适用行政执法当事人承诺的申请但未被受理，或者其申请已被受理但其作出的承诺未获得国务院证券监督管理机构认可，没有新事实、新理由，就同一案件再次提出申请；

（五）当事人因自身原因未履行或者未完全履行经国务院证券监督管理机构认可的承诺，就同一案件再次提出申请；

（六）国务院证券监督管理机构基于审慎监管原则认为不适用行政执法当事人承诺的其他情形。

第八条 国务院证券监督管理机构应当自收到当事人完整的申请材料之日起 20 个工作日内，作出受理或者不予受理的决定。

决定受理的,发给受理通知书;决定不予受理的,应当书面通知当事人并说明理由。

第九条 国务院证券监督管理机构受理申请后,在与当事人签署承诺认可协议前,不停止对案件事实的调查。

第十条 国务院证券监督管理机构自受理申请之日起,可以根据当事人涉嫌违法行为造成的损失、损害或者不良影响等情况,就适用行政执法当事人承诺相关事项与当事人进行沟通协商。

当事人提交的材料以及在沟通协商时所作的陈述,只能用于实施行政执法当事人承诺。

第十一条 国务院证券监督管理机构与当事人进行沟通协商的期限为 6 个月。经国务院证券监督管理机构主要负责人或者其授权的其他负责人批准,可以延长沟通协商的期限,但延长的期限最长不超过 6 个月。

国务院证券监督管理机构与当事人沟通协商应当当面进行,并制作笔录。国务院证券监督管理机构与当事人进行沟通协商的工作人员不得少于 2 人,并应当向当事人出示执法证件。

国务院证券监督管理机构与当事人进行沟通协商的工作人员不得违反规定会见当事人及其委托的人。

第十二条 国务院证券监督管理机构相关工作人员与案件有直接利害关系或者有其他关系,可能影响公正执法的,应当回避。

当事人认为国务院证券监督管理机构相关工作人员有前款规定情形的,有权申请其回避。当事人提出回避申请,应当说明理由。国务院证券监督管理机构应当自当事人提出回避申请之日起 3 日内作出决定,并书面告知当事人。决定作出之前,被申请回避的人员不停止相关工作。

第十三条 国务院证券监督管理机构经与当事人沟通协商,认可当事人作出的承诺的,应当与当事人签署承诺认可协议。承诺认可协议应当载明下列事项:

(一)申请适用行政执法当事人承诺的事由;

（二）当事人涉嫌违法行为的主要事实；

（三）当事人承诺采取的纠正涉嫌违法行为、赔偿有关投资者损失、消除损害或者不良影响的具体措施；

（四）承诺金数额及交纳方式；

（五）当事人履行承诺的期限；

（六）保障当事人商业秘密、个人隐私等权利的措施；

（七）需要载明的其他事项。

本办法所称承诺金，是指当事人为适用行政执法当事人承诺而交纳的资金。

第十四条 国务院证券监督管理机构确定承诺金数额应当综合考虑下列因素：

（一）当事人因涉嫌违法行为可能获得的收益或者避免的损失；

（二）当事人涉嫌违法行为依法可能被处以罚款、没收违法所得的金额；

（三）投资者因当事人涉嫌违法行为所遭受的损失；

（四）签署承诺认可协议时案件所处的执法阶段；

（五）需要考虑的其他因素。

国务院证券监督管理机构可以就适用行政执法当事人承诺涉及的专业问题征求证券期货交易场所、证券登记结算机构、投资者保护机构等相关机构或者专家学者的意见。

第十五条 国务院证券监督管理机构与当事人签署承诺认可协议后，应当中止案件调查，向当事人出具中止调查决定书，并予以公告。

当事人完全履行承诺认可协议后，国务院证券监督管理机构应当终止案件调查，向当事人出具终止调查决定书，并予以公告。国务院证券监督管理机构出具终止调查决定书后，对当事人涉嫌实施的同一个违法行为不再重新调查。

申请适用行政执法当事人承诺的当事人为《证券法》等法律、

行政法规和国务院证券监督管理机构规定的信息披露义务人的，应当依法履行信息披露义务。

第十六条 有下列情形之一的，国务院证券监督管理机构应当终止适用行政执法当事人承诺：

（一）当事人在签署承诺认可协议前撤回适用行政执法当事人承诺的申请；

（二）未能在本办法第十一条规定的期限内签署承诺认可协议；

（三）承诺认可协议签署后，当事人因自身原因未履行或者未完全履行承诺；

（四）承诺认可协议履行完毕前，发现当事人提交的材料存在虚假记载或者重大遗漏；

（五）承诺认可协议履行完毕前，当事人因涉嫌证券期货犯罪被依法立案。

发生前款规定情形的，国务院证券监督管理机构应当向当事人出具终止适用行政执法当事人承诺通知书；发生前款第一项至第四项情形的，还应当及时恢复案件调查。国务院证券监督管理机构在决定终止适用行政执法当事人承诺前，应当听取当事人的意见。

第十七条 国务院证券监督管理机构应当建立集体决策制度，讨论决定行政执法当事人承诺实施过程中的申请受理、签署承诺认可协议、中止或者终止案件调查等重大事项，并经国务院证券监督管理机构主要负责人或者其授权的其他负责人批准后执行。

第十八条 投资者因当事人涉嫌违法行为遭受损失的，可以向承诺金管理机构申请合理赔偿，也可以通过依法对当事人提起民事赔偿诉讼等其他途径获得赔偿。承诺金管理机构向投资者支付的赔偿总额不得超过涉及案件当事人实际交纳并用于赔偿的承诺金总额。投资者已通过其他途径获得赔偿的，不得就已获得赔偿的部分向承诺金管理机构申请赔偿。

承诺金管理和使用的具体办法由国务院证券监督管理机构会同国务院财政部门另行制定。

第十九条 当事人有下列情形之一的,由国务院证券监督管理机构记入证券期货市场诚信档案数据库,纳入全国信用信息共享平台,按照国家规定实施联合惩戒:

(一)因自身原因未履行或者未完全履行承诺;

(二)提交的材料存在虚假记载或者重大遗漏;

(三)违背诚信原则的其他情形。

第二十条 国务院证券监督管理机构工作人员违反规定适用行政执法当事人承诺,或者泄露履行职责中知悉的商业秘密、个人隐私的,依法给予处分;构成犯罪的,依法追究刑事责任。

第二十一条 本办法自 2022 年 1 月 1 日起施行。

国务院关于修改《中华人民共和国烟草专卖法实施条例》的决定

(2021 年 11 月 10 日中华人民共和国国务院令第 750 号公布 自公布之日起施行)

为加强电子烟等新型烟草制品监管,国务院决定对《中华人民共和国烟草专卖法实施条例》作如下修改:

增加一条,作为第六十五条:“电子烟等新型烟草制品参照本条例卷烟的有关规定执行。”

此外,对条文顺序作相应调整。

本决定自公布之日起施行。

《中华人民共和国烟草专卖法实施条例》根据本决定作相应修改,重新公布。

中华人民共和国烟草专卖法实施条例

（1997年7月3日中华人民共和国国务院令第223号发布　根据2013年7月18日《国务院关于废止和修改部分行政法规的决定》第一次修订　根据2016年2月6日《国务院关于修改部分行政法规的决定》第二次修订　根据2021年11月10日《国务院关于修改〈中华人民共和国烟草专卖法实施条例〉的决定》第三次修订）

第一章　总　　则

第一条　根据《中华人民共和国烟草专卖法》（以下简称《烟草专卖法》），制定本条例。

第二条　烟草专卖是指国家对烟草专卖品的生产、销售和进出口业务实行垄断经营、统一管理的制度。

第三条　烟草专卖品中的烟丝是指用烟叶、复烤烟叶、烟草薄片为原料加工制成的丝、末、粒状商品。

第四条　国务院和省、自治区、直辖市的烟草专卖行政主管部门职责及领导体制，依照《烟草专卖法》第四条的规定执行。设有烟草专卖行政主管部门的市、县，由市、县烟草专卖行政主管部门主管本行政区内的烟草专卖工作，受上一级烟草专卖行政主管部门和本级人民政府的双重领导，以上一级烟草专卖行政主管部门的领导为主。

第五条　国家对卷烟、雪茄烟焦油含量和用于卷烟、雪茄烟的主要添加剂实行控制。烟草制品生产企业不得违反国家有关规定使用有害的添加剂和色素。

第二章　烟草专卖许可证

第六条　从事烟草专卖品的生产、批发、零售业务,以及经营烟草专卖品进出口业务和经营外国烟草制品购销业务的,必须依照《烟草专卖法》和本条例的规定,申请领取烟草专卖许可证。

烟草专卖许可证分为:

(一)烟草专卖生产企业许可证;

(二)烟草专卖批发企业许可证;

(三)烟草专卖零售许可证。

第七条　取得烟草专卖生产企业许可证,应当具备下列条件:

(一)有与生产烟草专卖品相适应的资金;

(二)有生产烟草专卖品所需要的技术、设备条件;

(三)符合国家烟草行业的产业政策要求;

(四)国务院烟草专卖行政主管部门规定的其他条件。

第八条　取得烟草专卖批发企业许可证,应当具备下列条件:

(一)有与经营烟草制品批发业务相适应的资金;

(二)有固定的经营场所和必要的专业人员;

(三)符合烟草专卖批发企业合理布局的要求;

(四)国务院烟草专卖行政主管部门规定的其他条件。

第九条　取得烟草专卖零售许可证,应当具备下列条件:

(一)有与经营烟草制品零售业务相适应的资金;

(二)有固定的经营场所;

(三)符合烟草制品零售点合理布局的要求;

(四)国务院烟草专卖行政主管部门规定的其他条件。

第十条　烟草专卖行政主管部门依照《烟草专卖法》及本条例的规定,发放烟草专卖许可证和烟草专卖品准运证并实施管理。

第十一条　申请领取烟草专卖生产企业许可证的,应当向省、自治区、直辖市(以下简称省级)烟草专卖行政主管部门提出申请,由省级烟草专卖行政主管部门审查签署意见，报国务院烟草专卖行政主管部门审批发证。

第十二条 申请领取烟草专卖批发企业许可证，进行跨省、自治区、直辖市经营的，应当向省级烟草专卖行政主管部门提出申请，由省级烟草专卖行政主管部门审查签署意见，报国务院烟草专卖行政主管部门审批发证。

申请领取烟草专卖批发企业许可证，在省、自治区、直辖市范围内经营的，应当向企业所在地烟草专卖行政主管部门提出申请，由企业所在地烟草专卖行政主管部门审查签署意见，报省级烟草专卖行政主管部门审批发证。

第十三条 申请领取烟草专卖零售许可证，依照《烟草专卖法》的规定办理。

第十四条 烟草专卖许可证的发证机关可以定期或者不定期地对取得烟草专卖许可证的企业、个人进行检查。经检查不符合《烟草专卖法》和本条例规定条件的，烟草专卖许可证的发证机关可以责令暂停烟草专卖业务、进行整顿，直至取消其从事烟草专卖业务的资格。

烟草专卖许可证的具体管理办法，由国务院烟草专卖行政主管部门根据本条例的规定制定。

第三章 烟叶的种植、收购和调拨

第十五条 国务院烟草专卖行政主管部门按照合理布局的要求，会同有关省、自治区、直辖市人民政府依据国家计划，根据良种化、区域化、规范化的原则制定烟叶种植规划。

第十六条 烟叶由烟草公司或其委托单位依法统一收购。烟草公司或其委托单位根据需要，可以在国家下达烟叶收购计划的地区设立烟叶收购站（点）收购烟叶。设立烟叶收购站（点），应当经设区的市级烟草专卖行政主管部门批准。未经批准，任何单位和个人不得收购烟叶。

第十七条 地方烟草专卖行政主管部门组织同级有关部门和烟叶生产者的代表组成烟叶评级小组,协调烟叶收购等级评定工作。

第十八条 国家储备、出口烟叶的计划和烟叶调拨计划,由国务院计划部门下达。

第四章 烟草制品的生产

第十九条 设立烟草制品生产企业,应当由省级烟草专卖行政主管部门报经国务院烟草专卖行政主管部门批准,取得烟草专卖生产企业许可证,并经工商行政管理部门核准登记。

第二十条 烟草制品生产企业必须严格执行国家下达的生产计划。

第二十一条 禁止使用霉烂烟叶生产卷烟、雪茄烟和烟丝。

第二十二条 卷烟、雪茄烟和有包装的烟丝,应当使用注册商标。

第五章 烟草制品的销售

第二十三条 取得烟草专卖批发企业许可证的企业,应当在许可证规定的经营范围和地域范围内,从事烟草制品的批发业务。

取得烟草专卖零售许可证的企业或者个人,应当在当地的烟草专卖批发企业进货,并接受烟草专卖许可证发证机关的监督管理。

第二十四条 无烟草专卖批发企业许可证的单位或者个人,一次销售卷烟、雪茄烟50条以上的,视为无烟草专卖批发企业许可证从事烟草制品批发业务。

第二十五条 任何单位或者个人不得销售非法生产的烟草制品。

第二十六条 烟草专卖生产企业和烟草专卖批发企业，不得向无烟草专卖零售许可证的单位或者个人提供烟草制品。

第二十七条 在中国境内销售的卷烟、雪茄烟，应当在小包、条包上标注焦油含量级和“吸烟有害健康”的中文字样。

第二十八条 国务院烟草专卖行政主管部门在必要时，可以根据市场供需情况下达省、自治区、直辖市之间的卷烟、雪茄烟调拨任务。

第二十九条 严禁销售霉坏、变质的烟草制品。霉坏、变质的烟草制品，由烟草专卖行政主管部门或者有关行政管理部门监督销毁。

第三十条 有关部门依法查获的假冒商标烟草制品，应当交由烟草专卖行政主管部门按照国家有关规定公开销毁，禁止以任何方式销售。

第三十一条 假冒商标烟草制品的鉴别检测工作，由国务院产品质量监督管理部门和省、自治区、直辖市人民政府产品质量监督管理部门指定的烟草质量检测站进行。

第六章 烟草专卖品的运输

第三十二条 烟草专卖品准运证由省级以上烟草专卖行政主管部门或其授权的机构审批、发放。烟草专卖品准运证的管理办法由国务院烟草专卖行政主管部门制定。

第三十三条 跨省、自治区、直辖市运输进口的烟草专卖品、国产烟草专用机械和烟用丝束、滤嘴棒以及分切的进口卷烟纸，应当凭国务院烟草专卖行政主管部门或其授权的机构签发的烟草专卖品准运证办理托运或者自运。

跨省、自治区、直辖市运输除国产烟草专用机械、烟用丝束、滤嘴棒以及分切的进口卷烟纸以外的其他国产烟草专卖品，应当凭国务院烟草专卖行政主管部门或者省级烟草专卖行政主管部门签发的烟草专卖品准运证办理托运或者自运。

在省、自治区、直辖市内跨市、县运输烟草专卖品，应当凭省级烟草专卖行政主管部门或其授权的机构签发的烟草专卖品准运证办理托运或者自运。

运输依法没收的走私烟草专卖品，应当凭国务院烟草专卖行政主管部门签发的烟草专卖品准运证办理托运或者自运。

第三十四条 有下列情形之一的，为无烟草专卖品准运证运输烟草专卖品：

(一)超过烟草专卖品准运证规定的数量和范围运输烟草专卖品的；

(二)使用过期、涂改、复印的烟草专卖品准运证的；

(三)无烟草专卖品准运证又无法提供在当地购买烟草专卖品的有效证明的；

(四)无烟草专卖品准运证运输烟草专卖品的其他行为。

第三十五条 海关监管的烟草制品的转关运输，按照国家有关海关转关运输的规定办理运输手续。

第七章 卷烟纸、滤嘴棒、烟用丝束、烟草专用机械的生产和销售

第三十六条 烟草专卖批发企业和烟草制品生产企业只能从取得烟草专卖生产企业许可证的企业购买卷烟纸、滤嘴棒、烟用丝束和烟草专用机械。

卷烟纸、滤嘴棒、烟用丝束、烟草专用机械的生产企业不得将其产品销售给无烟草专卖生产企业许可证的单位或者个人。

第三十七条 烟草专用机械的购进、出售、转让，必须经国务院烟草专卖行政主管部门批准。

烟草专用机械的名录由国务院烟草专卖行政主管部门规定。

第三十八条 任何单位或者个人不得销售非法生产的烟草专

用机械、卷烟纸、滤嘴棒及烟用丝束。

淘汰报废、非法拼装的烟草专用机械，残次的卷烟纸、滤嘴棒、烟用丝束及下脚料，由当地烟草专卖行政主管部门监督处理，不得以任何方式销售。

第八章　进出口贸易和对外经济技术合作

第三十九条　设立外商投资的烟草专卖生产企业，应当报经国务院烟草专卖行政主管部门审查同意后，方可按照国家有关规定批准立项。

第四十条　进口烟草专卖品的计划应当报国务院烟草专卖行政主管部门审查批准。

第四十一条　免税进口的烟草制品应当存放在海关指定的保税仓库内，并由国务院烟草专卖行政主管部门指定的地方烟草专卖行政主管部门与海关共同加锁管理。海关凭国务院烟草专卖行政主管部门批准的免税进口计划分批核销免税进口外国烟草制品的数量。

第四十二条　在海关监管区内经营免税的卷烟、雪茄烟的，只能零售，并应当在卷烟、雪茄烟的小包、条包上标注国务院烟草专卖行政主管部门规定的专门标志。

第四十三条　专供出口的卷烟、雪茄烟，应当在小包、条包上标注“专供出口”中文字样。

第九章　监督检查

第四十四条　烟草专卖行政主管部门依法对执行《烟草专卖法》及本条例的情况进行监督、检查，查处违反《烟草专卖法》及本条例的案件，并会同国家有关部门查处烟草专卖品的走私贩私、假冒伪劣行为。

第四十五条 国务院烟草专卖行政主管部门在必要时，可以根据烟草专卖工作的实际情况，在重点地区设立派出机构；省级烟草专卖行政主管部门在必要时，可以向烟草专卖品生产、经营企业派驻人员。派出机构和派驻人员在派出部门的授权范围内监督、检查烟草专卖品的生产、经营活动。

第四十六条 烟草专卖行政主管部门查处违反《烟草专卖法》和本条例的案件时，可以行使下列职权：

（一）询问违法案件的当事人、嫌疑人和证人；

（二）检查违法案件当事人的经营场所，依法对违法生产或者经营的烟草专卖品进行处理；

（三）查阅、复制与违法活动有关的合同、发票、账册、单据、记录、文件、业务函电和其他资料。

第四十七条 烟草专卖行政主管部门或者烟草专卖行政主管部门会同有关部门，可以依法对非法运输烟草专卖品的活动进行检查、处理。

第四十八条 人民法院和行政机关依法没收的烟草专卖品以及充抵罚金、罚款和税款的烟草专卖品，按照国家有关规定进行拍卖的，竞买人应当持有烟草专卖批发企业许可证。

依法设立的拍卖企业拍卖烟草专卖品，应当对竞买人进行资格验证。拍卖企业拍卖烟草专卖品，应当接受烟草专卖行政主管部门的监督。

第四十九条 烟草专卖行政主管部门的专卖管理检查人员执行公务时，应当佩戴国务院烟草专卖行政主管部门制发的徽章，出示省级以上烟草专卖行政主管部门签发的检查证件。

第五十条 对检举烟草专卖违法案件的有功单位和个人，给予奖励。

第十章 法律责任

第五十一条 依照《烟草专卖法》第三十条规定处罚的，按照下列规定执行：

（一）擅自收购烟叶的，可以处非法收购烟叶价值20%以上50%以下的罚款，并按照查获地省级烟草专卖行政主管部门出具的上年度烟叶平均收购价格的70%收购违法收购的烟叶；

（二）擅自收购烟叶1000公斤以上的，依法没收其违法收购的烟叶和违法所得。

第五十二条 依照《烟草专卖法》第三十一条规定处罚的，按照下列规定执行：

（一）无准运证或者超过准运证规定的数量托运或者自运烟草专卖品的，处以违法运输的烟草专卖品价值20%以上50%以下的罚款，可以按照查获地省级烟草专卖行政主管部门出具的上年度烟叶平均收购价格的70%收购违法运输的烟叶，以及按照市场批发价格的70%收购违法运输的除烟叶外的其他烟草专卖品。

（二）有下列情形之一的，没收违法运输的烟草专卖品和违法所得：

1. 非法运输的烟草专卖品价值超过5万元或者运输卷烟数量超过100件（每1万支为1件）的；

2. 被烟草专卖行政主管部门处罚两次以上的；

3. 抗拒烟草专卖行政主管部门的监督检查人员依法实施检查的；

4. 非法运输走私烟草专卖品的；

5. 运输无烟草专卖生产企业许可证的企业生产的烟草专卖品的；

6. 利用伪装非法运输烟草专卖品的；

7. 利用特种车辆运输烟草专卖品逃避检查的；

8. 其他非法运输行为，情节严重的。

（三）承运人明知是烟草专卖品而为无准运证的单位、个人运输的，没收违法所得，可以并处违法运输的烟草专卖品价值10%以上20%以下的罚款。

（四）邮寄、异地携带烟叶、烟草制品超过国务院有关部门规定的限量 1 倍以上的，依照本条第（一）项的规定处罚。

第五十三条　依照《烟草专卖法》第三十二条规定处罚的，按照下列规定执行：

（一）无烟草专卖生产企业许可证生产烟草制品的，由烟草专卖行政主管部门责令关闭，没收违法所得，处以所生产烟草制品价值 1 倍以上 2 倍以下的罚款，并将其违法生产的烟草制品公开销毁；

（二）无烟草专卖生产企业许可证生产卷烟纸、滤嘴棒、烟用丝束或者烟草专用机械的，由烟草专卖行政主管部门责令停止生产，没收违法所得，处以违法生产的烟草专卖品价值 1 倍以上 2 倍以下的罚款，并将其违法生产的烟草专卖品公开销毁。

第五十四条　依照《烟草专卖法》第三十三条规定，无烟草专卖批发企业许可证经营烟草制品批发业务的，由烟草专卖行政主管部门责令关闭或者停止经营烟草制品批发业务，没收违法所得，处以违法批发的烟草制品价值 50%以上 1 倍以下的罚款。

第五十五条　取得烟草专卖批发企业许可证的单位违反本条例第二十三条第一款的规定，超越经营范围和地域范围，从事烟草制品批发业务的，由烟草专卖行政主管部门责令暂停经营批发业务，没收违法所得，处以违法经营的烟草制品价值 10%以上 20%以下的罚款。

第五十六条　取得烟草专卖零售许可证的企业或者个人违反本条例第二十三条第二款的规定，未在当地烟草专卖批发企业进货的，由烟草专卖行政主管部门没收违法所得，可处以进货总额 5%以上 10%以下的罚款。

第五十七条　无烟草专卖零售许可证经营烟草制品零售业务的，由工商行政管理部门或者由工商行政管理部门根据烟草专卖行政主管部门的意见，责令停止经营烟草制品零售业务，没收违法所得，处以违法经营总额 20%以上 50%以下的罚款。

第五十八条　违反本条例第二十五条、第三十八条第一款规定销售非法生产的烟草专卖品的，由烟草专卖行政主管部门责令停止销售，没收违法所得，处以违法销售总额20%以上50%以下的罚款，并将非法销售的烟草专卖品公开销毁。

第五十九条　违反本条例规定，未取得国务院烟草专卖行政主管部门颁发的烟草专卖批发企业许可证，擅自跨省、自治区、直辖市从事烟草制品批发业务的，由烟草专卖行政主管部门处以批发总额10%以上20%以下的罚款。

第六十条　违反本条例第二十六条、第三十六条第二款规定，为无烟草专卖许可证的单位或者个人提供烟草专卖品的，由烟草专卖行政主管部门没收违法所得，并处以销售总额20%以上50%以下的罚款。

第六十一条　违反本条例第三十六条第一款规定，烟草专卖批发企业和烟草制品生产企业从无烟草专卖生产企业许可证的企业购买卷烟纸、滤嘴棒、烟用丝束、烟草专用机械的，由烟草专卖行政主管部门处以所购烟草专卖品价值50%以上1倍以下的罚款。

第六十二条　违反本条例第四十一条规定，免税进口的烟草制品不按规定存放在烟草制品保税仓库内的，可以处烟草制品价值50%以下的罚款。

第六十三条　违反本条例第四十二条规定，在海关监管区内经营免税的卷烟、雪茄烟没有在小包、条包上标注国务院烟草专卖行政主管部门规定的专门标志的，可以处非法经营总额50%以下的罚款。

第六十四条　违反本条例第四十八条的规定，拍卖企业未对竞买人进行资格验证，或者不接受烟草专卖行政主管部门的监督，擅自拍卖烟草专卖品的，由烟草专卖行政主管部门处以拍卖的烟草专卖品价值20%以上50%以下的罚款，并依法取消其拍卖烟草专卖品的资格。

第十一章　附　　则

第六十五条　电子烟等新型烟草制品参照本条例卷烟的有关规定执行。

第六十六条　本条例自发布之日起施行。

国务院文件

国务院关于支持北京城市副中心高质量发展的意见

（2021 年 8 月 21 日　国发〔2021〕15 号）

规划建设北京城市副中心（以下简称城市副中心），与河北雄安新区形成北京新的两翼，是以习近平同志为核心的党中央作出的重大决策部署，是千年大计、国家大事。为深入贯彻落实党中央、国务院决策部署，进一步支持城市副中心高质量发展，现提出以下意见。

一、总体要求

（一）指导思想。

以习近平新时代中国特色社会主义思想为指导，深入贯彻党的十九大和十九届二中、三中、四中、五中全会精神，按照党中央、国务院决策部署，坚持稳中求进工作总基调，立足新发展阶段，完整、准确、全面贯彻新发展理念，构建新发展格局，统筹发展和安全，围绕创造"城市副中心质量"，坚持创新引领，提高治理水平，推动绿色发展，深化改革开放，提升和谐宜居品质，有序承接北京非首都功能疏解，努力推动实现更高质量、更有效率、更加公平、更可持续、更为安全的发展，引领带动周边地区一体化发展，打造京津冀协同发展的高质量样板和国家绿色发展示范区，为建设和谐、宜居、美丽的大国首都作出贡献。

（二）基本原则。

——承接疏解、错位发展。牢牢抓住疏解北京非首都功能这个“牛鼻子”，有序承接符合城市副中心发展定位的功能疏解和人口转移，提升对首都功能的服务保障能力，实现以副辅主、主副共兴，与河北雄安新区各有分工、互为促进，有效解决北京“大城市病”问题。

——改革创新、试点示范。坚持创新驱动发展，根据发展定位和实际需要，赋予更大发展自主权，提升科技创新、行政办公、商务服务、文化和旅游等功能，推动政策措施和试点示范项目先行先试，形成可复制、可推广的经验。

——协同联动、一体发展。按照统一规划、统一政策、统一标准、统一管控（以下称四统一）要求，积极推进城市副中心、通州区与河北省三河市、大厂回族自治县、香河县（以下称北三县）一体化高质量发展，探索逐步实现共同富裕的新路径，为推进京津冀协同发展作出示范。

（三）主要目标。

到 2025 年，城市副中心绿色城市、森林城市、海绵城市、智慧城市、人文城市、宜居城市功能基本形成。北京市级党政机关和市属行政事业单位搬迁基本完成，承接北京非首都功能疏解和人口转移取得显著成效，城市管理和社会治理水平明显提升，现代产业体系初步形成，“城市副中心质量”体系初步构建。通州区与北三县一体化高质量发展制度体系基本建立，成为现代化首都都市圈建设的重要支撑。

到 2035 年，现代化城市副中心基本建成。承接北京非首都功能疏解和人口转移的作用全面显现，形成现代化城市管理和社会治理体系、现代化经济体系，“城市副中心质量”体系完善成熟，与周边地区一体化高质量发展取得显著成效。

二、坚持创新驱动，打造北京发展新高地

（四）强化科技创新引领。聚焦新一代信息技术、智能制造等领域，实施一批国家重大科技项目和应用示范项目，引导创新链、产业链在城市副中心及周边地区布局，大力发展数字经济。围绕

第五代移动通信(5G)网络、人工智能、云计算、大数据、互联网协议第6版(IPv6)等加紧布局数字新基建,在智慧城市、数字乡村建设等领域建成一批示范应用新场景,支持开展科技应用场景沙盒试点。着力打造于家务国际种业科技园区,建设一批现代农业产业化示范基地,提升发展都市型农业。支持具备条件的中关村国家自主创新示范区核心区新一轮先行先试改革政策在城市副中心落地实施,支持中关村产业协同创新平台在城市副中心及北三县等地布局。发挥政府投资基金撬动作用,带动社会资本投入城市副中心科技创新项目。探索科技成果转让市场化定价机制和利益分配机制,支持跨区域共建一批产学研创新和成果转化实体。

(五)提升金融商务服务功能。依托国家服务业扩大开放综合示范区和中国(北京)自由贸易试验区,将城市副中心打造为京津冀金融创新、高端商务发展高地。加快全球财富管理中心建设,加强金融基础设施建设,支持金融标准认定机构及国际金融机构、民营金融机构在城市副中心发展。鼓励熟悉国际法律准则的律师事务所、会计师事务所在城市副中心布局。强化金融对城市副中心政务服务、居民服务的全面支持,稳妥有序承接符合城市副中心发展定位的金融机构及分支机构,加快发展区域养老金融、健康保险业务。稳妥推进基础设施领域不动产投资信托基金(REITs)试点,支持发展保障性租赁住房REITs,鼓励公募REITs基金管理人在城市副中心落户发展。加快发展绿色金融,创新金融产品,支持碳达峰碳中和行动及技术研发。鼓励金融机构依法设立绿色金融专门机构,设立国际绿色投资集团,推动北京绿色交易所在承担全国自愿减排等碳交易中心功能的基础上,升级为面向全球的国家级绿色交易所,建设绿色金融和可持续金融中心。支持金融科技创新发展,加快推进法定数字货币试点,做好金融科技创新监管工具实施工作,支持大型银行等依法设立数字人民币运营实体,支持符合条件的银行参与直销银行试点,探索建设数字资产交易场所。

(六)加快文化体育旅游发展。支持城市副中心创建文化、旅游、商务融合发展示范区。加快大运河国家文化公园、环球主题度假区建设及宋庄、台湖等特色小镇建设，将张家湾设计小镇打造成为城市设计发展高地。高标准完善博物馆、图书馆、文化馆(站)、剧院等公共文化设施建设。推进运河文化资源跨区域共享，着力打造文化精品，支持举办大型文艺演出、优秀舞台艺术展演、文化展陈展示等文化活动。建设体育公园，打造全民健身新载体，支持举办国内外品牌体育赛事，支持足球、篮球等顶级职业运动俱乐部在城市副中心落户。

三、推进功能疏解，开创一体化发展新局面

(七)有序承接中心城区非首都功能疏解。通过北京市级党政机关和市属行政事业单位搬迁，推动北京内部功能重组，加强对首都功能的服务保障。研究制定中心城区存量疏解调整综合政策，符合城市副中心发展定位的国有企事业单位，在疏解至城市副中心时，允许其新建或购买办公场所；符合划拨条件的，可以划拨方式供应土地；原国有土地使用权被收回的，经批准可以协议方式按照规划建设用地标准为原土地使用权人安排用地，所收回的土地由属地人民政府依法安排使用。建立健全城市副中心与河北雄安新区工作对接机制。

(八)加快建设通州区与北三县一体化高质量发展示范区。按照四统一要求，在规划管理、投资审批、财税分享、要素自由流动、公共服务、营商环境等方面探索协同创新路径。通过政府引导、市场运作以及合作共建等方式，推动北京部分产业和功能向北三县等周边地区延伸布局。加强城市副中心与北京经济技术开发区、北三县、天津市武清区等周边地区产业合作，鼓励北京市企业和产业园区与北三县重点产业园区对接，优化区域产业链布局。

四、强化规划管理，创建新时代城市建设发展典范

(九)实施高标准规划建设管理。强化国土空间规划管控，统筹划定落实永久基本农田、生态保护红线、城镇开发边界三条控制线。支持在城市副中心及周边地区制定高于国家标准、行业标准的市政设施建设、生态环保等地方标准，推动绿色城市、森林城市、海绵城市、智慧城市、人文城市、宜居城市建设。加强城市设计引导，坚持地上地下立体开发，加强新建高层建筑管控，强化超大体量公共建筑、超高层地标建筑、重点地段建筑管理，塑造城市时代特色风貌。实施城市更新行动，积极推进城市生态修复和功能完善，因地制宜补齐既有居住社区建设短板。按照大部制、扁平化原则统筹使用各类编制资源，推进城市管理和执法体制改革。实施乡村振兴战略，构筑城乡融合发展的关键功能节点，带动区域农业农村现代化。

（十）推进智慧城市建设。加强城市信息模型平台和运行管理服务平台建设，打造数字孪生城市，建设智慧高效的城市数据大脑，探索形成国际领先的智慧城市标准体系。推动在城市副中心建设北京政务大数据平台，推广“互联网+政务服务”，支持城市副中心政务服务改革先行先试、提升效能。加强新型城市基础设施建设，提高市政基础设施体系化、网络化、智能化水平。实施智慧医疗、智慧交通等一批智慧惠民工程，提升城市服务品质。

（十一）构建便捷高效现代交通体系。建设以轨道交通为骨干、公共交通为主导的便捷智能综合交通系统。研究加强城市副中心与中心城区的轨道交通快速连接，支持城市副中心及周边地区有序规划建设市域（郊）铁路线网，提升通勤能力。制定市域（郊）铁路公交化运营标准，打造一批市域（郊）铁路示范项目。建立级配合理的城市路网体系，实施北京东六环路城市副中心段入地改造和国家高速公路功能外移。加快建设跨界道路和跨界河桥梁。制定实施城市副中心及周边地区综合交通一体化提升规划，提升互联互通水平。

（十二）提升公共服务水平。有序推动中心城区优质中小学教育资源和医疗资源在城市副中心及周边地区合理布局。建立健全疫情防控常态化机制和防控救治体系，强化基层医疗服务设施和医疗人员力量，提高应对重大突发公共卫生事件的能力和水平。

鼓励社会力量依法依规举办国际化医院，支持医学院、高水平专科医院等建设，推进互联网医疗平台建设。推动京津冀区域基本医疗卫生服务资源共享、联动协作，逐步实现跨区域双向转诊、同级医院检查检验结果互认。高水平规划建设医养结合的多层次养老服务体系，推动北京养老服务项目向北三县等周边地区延伸布局。

五、加强环境治理，建设国家绿色发展示范区

（十三）构建大尺度绿色空间。践行绿水青山就是金山银山的发展理念，坚持顺应自然、尊重规律，坚持山水林田湖草系统治理，注重留白增绿，加强生态绿带建设，形成城市绿色空间体系，创建国家生态园林城市。鼓励城市副中心与北三县协同建设潮白河国家森林公园。开展北运河上下游同步治理和防洪达标建设，根据水资源条件分步推进京津冀段通航。

（十四）健全生态环境综合治理体系。坚持将绿色发展理念融入经济社会发展全过程，推进城市生态修复和功能完善工程。构建绿色交通体系，沿河、沿绿、沿路建设慢行系统，打造自行车友好型城市，积极推广新能源汽车，引导绿色出行。大力推广绿色建筑，新建大型公共建筑执行三星级绿色建筑标准、将安装光伏设施作为强制性要求。构建绿色低碳综合能源系统，推进近零碳排放示范工程，探索开展碳中和相关工作，支持节能减排相关改革创新政策在城市副中心先行先试。探索氢能利用、智慧化供热、多能耦合等应用场景，大力推广综合智慧能源服务项目。推进工业废水资源化利用试点示范，实施工业节水技术改造。广泛开展绿色社区创建行动，推进生活垃圾分类、建筑垃圾和园林垃圾资源化利用，加强危险废物医疗废物收集处理，打造“无废城市”。加强区域环境污染联防联控联治，全面改善大气、水体等生态环境质量，管控土壤污染风险，逐步统一区域生态环境标准体系和绿色环保施工标准。创新环境信息强制性披露、环境污染强制责任保险等管理制度。完善区域自然灾害预警监测网络和突发事件应急处置协同联动机制。

六、对标国际规则,搭建更高水平开放新平台

(十五)推进服务业扩大开放。加快建设国家服务业扩大开放综合示范区,高质量建设中国(北京)自由贸易试验区国际商务服务片区,支持高水平的贸易便利、投资便利等政策在城市副中心先行先试。支持符合条件的企业按规定在城市副中心开展本外币一体化资金池试点。支持城市副中心按规定申请设立综合保税区。加大对跨境金融、文化贸易和数字贸易的政策支持力度,研究审慎开展绿色债券、绿色股权投融资业务。支持开展适合科技型企业的个性化融资服务,推动开展知识产权保险业务试点。组织开展数据跨境流动安全管理试点,探索数据跨境流动安全管理方式,在保障安全的前提下促进数据合法有序自由流动。支持建立北京、天津、河北自由贸易试验区联合授信机制,完善京津冀一体化征信体系。

(十六)发展消费新业态新模式。推动线上线下消费有机融合,发展数字文化、直播经济、在线医疗、智慧旅游、智能体育等新型消费,加强消费产品和服务标准体系建设。建设国际科技消费展示平台,打造全球科技新品首发地。创新模式建设高端商业综合体,打造地标性商业街区和多层次差异化区域商圈。

(十七)打造专业人才新高地。大力吸引符合城市副中心发展定位的高层次、高技能、紧缺急需专业性人才。开展国际人才服务管理改革试点与重点领域国际职业资格认可试点。

七、加大改革力度,增强发展动力活力

(十八)强化财政金融支持。加大中央财政对城市副中心发展的支持力度,合理保障基本公共服务领域建设和运行需要。在保持政府债务风险总体可控的前提下,加大地方政府债券支持力度,将城市副中心建设融资需求作为重要因素予以单独核算。鼓励采用授权经营、基础设施项目配建经营性建设内容等方式盘活存量资产,支持北京城市副中心投资建设集团有限公司创新融资模式。支持城市副中心及周边地区符合条件的企业发行上市、并购重组、股权转让、债券发行、资产证券化。

（十九）探索土地管理利用制度改革。推动不同产业用地类型合理转换，探索增加混合产业用地供给，创新低效、闲置国有土地利用政策。优化完善土地招拍挂出让制度，推广用地预申请制度，加大用地预审和用地审批制度改革力度，改进优化建设用地审批流程。国家统筹支持解决城市副中心及周边地区公益性建设项目耕地占补平衡指标。稳慎推进农村宅基地制度改革，按照国家统一部署稳妥有序推进农村集体经营性建设用地入市工作。

（二十）有效推进更大区域职住平衡。坚持房子是用来住的、不是用来炒的定位，建立以政府为主提供基本保障、以市场为主满足多层次需求、以推进职住平衡为基本原则的住房供应体系。大力发展住房租赁市场，扩大保障性租赁住房供给，单列用地计划，增加土地供应，支持利用集体经营性建设用地、企事业单位自有闲置土地、产业园区配套用地和存量闲置房屋建设保障性租赁住房，支持通过“商改租”、“工改租”等形式将非住宅改建为保障性租赁住房。支持北三县盘活存量土地、合理利用增量土地，与城市副中心合作建设保障性租赁住房。加大共有产权住房供应，优先满足符合条件的疏解北京非首都功能迁入职工置业需要。加强房地产市场调控，着力稳地价、稳房价、稳预期。

八、组织实施

（二十一）坚持党的全面领导。把党的政治建设摆在首位，贯穿城市副中心高质量发展全过程，增强“四个意识”、坚定“四个自信”、做到“两个维护”。激励干部大胆干事、担当作为，鼓励政治坚定、业务熟练的中央和国家机关干部到城市副中心挂职和任职。充分发挥基层党组织战斗堡垒作用和党员先锋模范作用，坚定不移推进全面从严治党，为城市副中心高质量发展提供坚强政治保证。

（二十二）强化责任落实。北京市要切实履行主体责任，明确时间表、路线图、任务书，完善激励考核和监督检查机制；研究赋予城市副中心更大的改革开放、创新发展自主权，适当下放市级行政管理权限，实施相对集中行政许可试点。城市副中心要切实承担具体落实责任，主动与有关部门和周边地区加强沟通对接，确保本意见确定的目标任务和政策措施落地见效。有关部门要按照职责分工细化支持政策，及时研究解决工作中遇到的困难和问题。天津市、河北省要积极支持配合，形成共同推动城市副中心高质量发展的合力。重大事项、重大政策和重大项目按规定程序报批，重大问题及时向党中央、国务院报告。

国务院关于开展营商环境创新试点工作的意见

（2021 年 10 月 31 日　国发〔2021〕24 号）

党中央、国务院高度重视优化营商环境工作。近年来，我国营商环境持续改善，特别是部分地方主动对标国际先进率先加大营商环境改革力度，取得明显成效，对推动全国营商环境整体优化、培育和激发市场主体活力发挥了较好的示范带动作用。为鼓励有条件的地方进一步瞄准最高标准、最高水平开展先行先试，加快构建与国际通行规则相衔接的营商环境制度体系，持续优化市场化法治化国际化营商环境，现提出以下意见。

一、总体要求

（一）指导思想。以习近平新时代中国特色社会主义思想为指导，全面贯彻党的十九大和十九届二中、三中、四中、五中全会精神，立足新发展阶段，完整、准确、全面贯彻新发展理念，构建新发展格局，以推动高质量发展为主题，统筹发展和安全，以制度创新为核心，赋予有条件的地方更大改革自主权，对标国际一流水平，聚焦市场主体关切，进一步转变政府职能，一体推进简政放权、放管结合、优化服务改革，推进全链条优化审批、全过程公正监管、全周期提升服务，推动有效市场和有为政府更好结合，促进营商环境迈向更高水平，更大激发市场活力和社会创造力，更好稳定市场预期，保持经济平稳运行。

（二）试点范围。综合考虑经济体量、市场主体数量、改革基础条件等，选择部分城市开展营商环境创新试点工作。首批试点城市为北京、上海、重庆、杭州、广州、深圳6个城市。强化创新试点同全国优化营商环境工作的联动，具备条件的创新试点举措经主管部门和单位同意后在全国范围推开。

（三）主要目标。经过三至五年的创新试点，试点城市营商环境国际竞争力跃居全球前列，政府治理效能全面提升，在全球范围内集聚和配置各类资源要素能力明显增强，市场主体活跃度和发展质量显著提高，率先建成市场化法治化国际化的一流营商环境，形成一系列可复制可推广的制度创新成果，为全国营商环境建设作出重要示范。

二、重点任务

（四）进一步破除区域分割和地方保护等不合理限制。加快破除妨碍生产要素市场化配置和商品服务流通的体制机制障碍。在不直接涉及公共安全和人民群众生命健康的领域，推进“一照多址”、“一证多址”等改革，便利企业扩大经营规模。清理对企业跨区域经营、迁移设置的不合理条件，全面取消没有法律法规依据的要求企业在特定区域注册的规定。着力破除招投标、政府采购等领域对外地企业设置的隐性门槛和壁垒。探索企业生产经营高频办理的许可证件、资质资格等跨区域互认通用。

（五）健全更加开放透明、规范高效的市场主体准入和退出机制。进一步提升市场主体名称登记、信息变更、银行开户等便利度。建立健全市场准入评估制度，定期排查和清理在市场准入方面对市场主体资质、资金、股比、人员、场所等设置的不合理条件。推行企业年报“多报合一”改革。完善市场主体退出机制，全面实施简易注销,建立市场主体强制退出制度。推行破产预重整制度,建立健全企业破产重整信用修复机制,允许债权人等推荐选任破产管理人。建立健全司法重整的府院联动机制,提高市场重组、出清的质量和效率。

（六）持续提升投资和建设便利度。深化投资审批制度改革。推进社会投资项目“用地清单制”改革,在土地供应前开展相关评估工作和现状普查,形成评估结果和普查意见清单,在土地供应时一并交付用地单位。推进产业园区规划环评与项目环评联动,避免重复评价。在确保工程质量安全的前提下,持续推进工程建设项目审批制度改革,清理审批中存在的“体外循环”、“隐性审批”等行为。推动分阶段整合规划、土地、房产、交通、绿化、人防等测绘测量事项,优化联合验收实施方式。建立健全市政接入工程信息共享机制。探索在民用建筑工程领域推进和完善建筑师负责制。

（七）更好支持市场主体创新发展。完善创新资源配置方式和管理机制,探索适应新业态新模式发展需要的准入准营标准,提升市场主体创新力。在确保安全的前提下,探索高精度地图面向智能网联汽车开放使用。推进区块链技术在政务服务、民生服务、物流、会计等领域探索应用。探索对食品自动制售设备等新业态发放经营许可。完善知识产权市场化定价和交易机制,开展知识产权证券化试点。深化科技成果使用权、处置权和收益权改革,赋予科研人员职务科技成果所有权或长期使用权,探索完善科研人员职务发明成果权益分享机制。

（八）持续提升跨境贸易便利化水平。高标准建设国际贸易“单一窗口”,加快推动“单一窗口”服务功能由口岸通关向口岸物流、贸易服务等全链条拓展,推进全流程作业无纸化。在确保数据安全的前提下,推动与东亚地区主要贸易伙伴口岸间相关单证联网核查。推进区域通关便利化协作,探索开展粤港澳大湾区“组合港”、“一港通”等改革。推进铁路、公路、水路、航空等运输环节信息对接共享,实现运力信息可查、货物全程实时追踪,提升多式联运便利化水平。在有条件的港口推进进口货物“船边直提”和出口货物“抵港直装”。探索开展科研设备、耗材跨境自由流动，简化研发用途设备和样本样品进出口手续。

（九）优化外商投资和国际人才服务管理。加强涉外商事法律服务，建设涉外商事一站式多元解纷中心，为国际商事纠纷提供多元、高效、便捷解纷渠道。探索制定外籍“高精尖缺”人才地方认定标准。在不直接涉及公共安全和人民群众生命健康、风险可控的领域，探索建立国际职业资格证书认可清单制度，对部分需持证上岗的职业，允许取得境外相应职业资格或公认的国际专业组织认证的国际人才，经能力水平认定或有关部门备案后上岗，并加强执业行为监管。研究建立与国际接轨的人才评价体系。持续提升政府门户网站国际版服务水平，方便外籍人员及时准确了解投资、工作、生活等政策信息，将更多涉外审批服务事项纳入“一网通办”。

（十）维护公平竞争秩序。坚持对各类市场主体一视同仁、同等对待，稳定市场主体预期。强化公平竞争审查刚性约束，建立举报处理和回应机制，定期公布审查结果。着力清理取消企业在资质资格获取、招投标、政府采购、权益保护等方面存在的差别化待遇，防止滥用行政权力通过划分企业等级、增设证明事项、设立项目库、注册、认证、认定等形式排除和限制竞争的行为。建立招标计划提前发布制度，推进招投标全流程电子化改革。加强和改进反垄断与反不正当竞争执法。清理规范涉企收费，健全遏制乱收费、乱摊派的长效机制，着力纠正各类中介垄断经营、强制服务等行为。

（十一）进一步加强和创新监管。坚持放管结合、并重，夯实监管责任，健全事前事中事后全链条全流程的监管机制。完善公开透明、简明易行的监管规则和标准，加强政策解读。在直接涉及公共安全和人民群众生命财产安全的领域，探索实行惩罚性赔偿等制度。深化“互联网+监管”，加快构建全国一体化在线监管平台，积极运用大数据、物联网、人工智能等技术为监管赋能，探索形成市场主体全生命周期监管链。推动“双随机、一公开”监管和信用监管深度融合，完善按风险分级分类管理模式。在医疗、教育、工程建设等领域探索建立完善执业诚信体系。对新产业新业态实行包容审慎监管，建立健全平台经济治理体系。推动行业协会商会等建立健全行业经营自律规范，更好发挥社会监督作用。

（十二）依法保护各类市场主体产权和合法权益。构建亲清政商关系，健全政府守信践诺机制，建立政府承诺合法性审查制度和政府失信补偿、赔偿与追究制度，重点治理债务融资、政府采购、招投标、招商引资等领域的政府失信行为，畅通政府失信投诉举报渠道，健全治理“新官不理旧账”的长效机制。完善产权保护制度，强化知识产权保护，开展商标专利巡回评审和远程评审，完善对商标恶意注册和非正常专利申请的快速处置联动机制，加强海外知识产权维权协作。规范罚款行为，全面清理取消违反法定权限和程序设定的罚款事项，从源头上杜绝乱罚款。严格落实重大行政决策程序，增强公众参与实效。全面建立重大政策事前评估和事后评价制度，推进评估评价标准化、制度化、规范化。

（十三）优化经常性涉企服务。加快建立健全高效便捷、优质普惠的市场主体全生命周期服务体系，健全常态化政企沟通机制和营商环境投诉处理机制。完善动产和权利担保统一登记制度，有针对性地逐步整合各类动产和权利担保登记系统，提升企业动产和权利融资便利度。持续优化企业办税服务，深化“多税合一”申报改革，试行代征税款电子缴税并开具电子完税证明。进一步提升不动产登记涉税、继承等业务办理便利度。推进水电气暖等“一站式”便捷服务，加快实现报装、查询、缴费等业务全程网办。推进电子证照、电子签章在银行开户、贷款、货物报关、项目申报、招投标等领域全面应用和互通互认。推进公安服务“一窗通办”。推行涉企事项“一网通办”、“一照通办”，全面实行惠企政策“免申即享”、快速兑现。

三、组织保障

（十四）加强组织领导和统筹协调。国务院办公厅要统筹推进营商环境创新试点工作，牵头制定改革事项清单，做好协调督促、总结评估、复制推广等工作。司法部要做好改革的法治保障工作。国务院有关部门要结合自身职责，协调指导试点城市推进相关改革，为试点城市先行先试创造良好条件。有关省份人民政府要加大对试点城市的支持力度，加强政策措施衔接配套，依法依规赋予试点城市相关权限。各试点城市人民政府要制定本地区试点实施方案，坚持稳步实施，在风险总体可控前提下，科学把握改革的时序、节奏和步骤，推动创新试点工作走深走实，实施方案应报国务院办公厅备案并向社会公布。试点城市辖区内开发区具备较好改革基础的，可研究进一步加大改革力度，为创新试点工作探索更多有益经验。

（十五）强化法治保障。按照重大改革于法有据的要求，依照法定程序开展营商环境创新试点工作。国务院决定，根据《全国人民代表大会常务委员会关于授权国务院在营商环境创新试点城市暂时调整适用〈中华人民共和国计量法〉有关规定的决定》，3 年内在营商环境创新试点城市暂时调整适用《中华人民共和国计量法》有关规定；同时，在营商环境创新试点城市暂时调整适用《植物检疫条例》等 7 部行政法规有关规定。国务院有关部门和有关地方人民政府要根据法律、行政法规的调整情况，及时对本部门和本地区制定的规章、规范性文件作相应调整，建立与试点要求相适应的管理制度。对试点成效明显的改革举措，要及时推动有关法律、法规、规章的立改废释，固化改革成果。

（十六）加强数据共享和电子证照应用支撑。加快打破信息孤岛，扩大部门和地方间系统互联互通和数据共享范围。优化数据资源授权模式，探索实施政务数据、电子证照地域授权和场景授权，将产生于地方但目前由国家统一管理的相关领域数据和电子证照回流试点城市；对试点城市需使用的中央部门和单位、外地的数据和电子证照,由主管部门和单位通过数据落地或数据核验等方式统一提供给试点城市使用。优化全国一体化政务服务平台功能,推动更多数据资源依托平台实现安全高效优质的互通共享。

(十七)做好滚动试点和评估推广。国务院办公厅会同有关方面根据试点情况,结合改革需要,适时扩大试点城市范围。同时,建立改革事项动态更新机制,分批次研究制定改革事项清单,按照批量授权方式,按程序报批后推进实施,定期对营商环境创新试点工作进行评估,对实践证明行之有效、市场主体欢迎的改革措施要及时在更大范围复制推广,对出现问题和风险的要及时调整或停止实施。试点中的重要情况,有关地方和部门要及时向国务院请示报告。

附件:1. 首批营商环境创新试点改革事项清单

2. 国务院决定在营商环境创新试点城市暂时调整适用有关行政法规规定目录

附件 1

首批营商环境创新试点改革事项清单

（共 10 个方面 101 项改革举措）

序号	改革事项	主要内容	主管部门和单位
一、进一步破除区域分割和地方保护等不合理限制			
1	开展"一照多址"、"一证多址"改革	除直接涉及公共安全和人民群众生命健康的领域外，对符合条件的企业，允许在营业执照上加载新设立住所（经营场所）的地址，免于分支机构登记；对部分高频办理的经营许可证，探索允许企业在一定区域内开设经营项目相同的分支机构时，就其符合许可条件作出承诺后，免于再次办理相关许可证，相关部门加强事后核查和监管。	市场监管总局等国务院相关部门
2	便利企业分支机构、连锁门店信息变更	大型企业分支机构办理不涉及新办许可证的信息变更时，在试点城市内可实行集中统一办理。	市场监管总局
3	清除招投标和政府采购领域对外地企业设置的隐性门槛和壁垒	清理取消要求投标单位必须在项目所在地或采购人所在地设立分公司或办事处等排斥外地投标人的行为，同步完善与统一开放的招投标和政府采购市场相适应的监管模式。	国家发展改革委、财政部等国务院相关部门
4	推动招投标领域数字证书兼容互认	企业在任意试点城市公共资源交易平台完成注册后，即可在全部试点城市及其区县参与投标，做到只需注册一次，只用一套 CA 证书。	国家发展改革委
5	推进客货运输电子证照跨区域互认与核验	推进试点城市制作和发放的道路运输从业人员从业资格证（道路客、货运）、道路运输经营许可证（道路客、货运）、道路运输证（道路客、货运）、营运客车二维码（包含道路运输证、道路客运班线经营信息表的信息）、国内水路运输经营许可证、船舶营业运输证、内河船舶证书信息簿等 7 类电子证照在试点城市间互认，执法检查部门通过电子证照二维码在线核验、网站查询等方式核验电子证照真伪。	交通运输部

续表

序号	改革事项	主要内容	主管部门和单位
6	优化常用低风险植物和植物产品跨区域流通检疫申请流程	试点城市明确以本城市为调入地、必须经过检疫的常用低风险植物和植物产品的检疫要求，并在“全国植物检疫信息化管理系统”和“林业植物检疫管理信息系统”中进行公示，调出地植物检疫机构根据公示要求进行检疫，并出具检疫证书，企业在收到检疫合格证书后即可调运。改革后，调入地植物检疫机构按职责做好对检疫证书的查验审核，并完善复检制度，严格把好植物和植物产品跨省调运的检疫关。	农业农村部、国家林草局
二、健全更加开放透明、规范高效的市场主体准入和退出机制			
7	拓展企业开办“一网通办”业务范围	在企业开办过程中，将社保登记后续环节一并纳入“一网通办”平台。推进电子营业执照、电子发票、电子签章同步发放及应用，方便企业网上办事。	市场监管总局、人力资源社会保障部、税务总局
8	进一步便利企业开立银行账户	探索整合企业开办实名验证信息、企业登记信息和银行开户备案信息，自然人、法人等通过线上平台申请营业执照时，经企业授权同意后，线上平台将有关基本信息和银行开户预约信息实时推送给申请人选定的开户银行，开户银行生成企业账户预约账号，并通过线上平台推送给税务、人力资源社会保障、住房公积金管理部门。开户银行根据预约需求，按规定为企业开立账户后，及时将相关信息通过线上平台推送至相关部门。	市场监管总局、人民银行、公安部、人力资源社会保障部、住房城乡建设部、税务总局
9	开展不含行政区划名称的企业名称自主申报	下放不含行政区划名称的企业名称登记权至试点城市，全面实行企业名称自主申报。	市场监管总局
10	优化律师事务所核名管理	允许试点城市司法行政部门律师管理系统同司法部全国律师综合管理信息系统律师事务所名称数据库进行对接，对申请人申请的律师事务所名称，由试点城市司法行政部门作出名称预核准决定并报司法部备案，缩短核名时限。	司法部

续表

序号	改革事项	主要内容	主管部门和单位
11	企业住所（经营场所）标准化登记	通过相关部门数据共享，建立标准化住所（经营场所）数据库，建立健全住所（经营场所）负面清单管理制度，在便利住所登记的同时，防范虚假住所等突出风险。	市场监管总局等国务院相关部门
12	试行企业登记信息变更网上办理	通过企业开办“一网通办”平台完成登记注册的企业，可通过平台实现全程网上办理变更手续。	市场监管总局等国务院相关部门
13	推行企业年度报告“多报合一”改革	相关部门可依法依规共享企业年度报告有关信息，企业只需填报一次年度报告，无需再向多个部门重复报送相关信息，实现涉及市场监管、社保、税务、海关等事项年度报告的“多报合一”。	市场监管总局、人力资源社会保障部、海关总署、税务总局
14	建立市场准入效能评估制度	围绕市场准入负面清单制度落实情况、市场准入审批服务效能、市场准入隐性壁垒破除等方面，对市场准入效能进行综合评估。对违反市场准入负面清单制度情况进行监测、归集、通报。进一步畅通市场主体对隐性壁垒的投诉渠道和处理回应机制。	国家发展改革委
15	探索建立市场主体除名制度	对被列入经营异常名录或者被标记为经营异常状态满两年，且近两年未申报纳税的市场主体，商事登记机关可对其作出除名决定。除名后，市场主体应当依法完成清算、办理注销登记，且不得从事与清算和注销无关的活动。被除名期间市场主体存续，并可对除名决定申请行政复议或提起行政诉讼。	市场监管总局
16	优化破产企业土地、房产处置程序	企业破产案件中因债务人资料缺失或第三方机构（如设计、勘察、监理等单位）不配合竣工验收等情形导致无法办理竣工验收的建设工程，经委托有关专业机构对工程质量进行安全鉴定合格后，可办理不动产登记。	最高人民法院，自然资源部、住房城乡建设部

续表

序号	改革事项	主要内容	主管部门和单位
17	优化破产案件财产解封及处置机制	建立破产案件财产处置协调机制，破产案件经试点城市人民法院裁定受理后，由破产管理人通知债权人及相关单位进行财产解封，破产管理人对已查封的财产进行处置时无须再办理解封手续。债务人在试点城市的不动产或动产等实物资产被相关单位查封后，查封单位未依法解封的，允许破产管理人对被查封的财产进行处置。处置后依据破产受理法院出具的文件办理解封和资产过户、移交手续，资产处置所得价款经与查封单位协调一致后，统一分配处置。	最高人民法院，公安部、自然资源部、人民银行、海关总署、税务总局、市场监管总局等国务院相关部门
18	进一步便利破产管理人查询破产企业财产信息	允许破产管理人通过线上注册登录等方式，经身份核验后，依法查询有关机构（包括土地管理、房产管理、车辆管理、税务、市场监管、社保等部门和单位）掌握的破产企业财产相关信息，提高破产办理效率。	最高人民法院，公安部、人力资源社会保障部、自然资源部、住房城乡建设部、税务总局、市场监管总局等国务院相关部门
19	健全企业重整期间信用修复机制	人民法院裁定批准重整计划的破产企业，可以申请在“信用中国”网站、国家企业信用信息公示系统、金融信用信息基础数据库中添加相关信息，及时反映企业重整情况；有关部门依法依规调整相关信用限制和惩戒措施。探索重整计划执行期间赋予符合条件的破产企业参与招投标、融资、开具保函等资格。	最高人民法院，国家发展改革委、财政部、人民银行、税务总局、市场监管总局、银保监会等国务院相关部门

续表

序号	改革事项	主要内容	主管部门和单位
20	进一步完善破产管理人选任、预重整等制度	允许破产企业的相关权利人推荐破产管理人，并由人民法院指定。探索建立破产预重整制度。	最高人民法院
三、持续提升投资和建设便利度			
21	推进社会投资项目“用地清单制”改革	在土地供应前，可开展地质灾害、地震安全、压覆矿产、气候可行性、水资源论证、水土保持、防洪、考古调查勘探发掘等评估，并对文物、历史建筑保护对象、古树名木、人防工程、地下管线等进行现状普查，形成评估结果和普查意见清单，在土地供应时一并交付用地单位。相关单位在项目后续报建或验收环节，原则上不得增加清单外的要求。改革后，相关单位提升评估的科学性、精准性及论证深度，避免企业拿地后需重复论证。同时，当项目外部条件发生变化，相关单位及时对评估报告等进行调整完善。	国家发展改革委、自然资源部、住房城乡建设部、水利部、中国气象局、国家林草局、国家文物局、中国地震局、国家人防办等
22	试行分阶段整合相关测绘测量事项	探索将勘测定界测绘、宗地测绘合并为一个测绘事项；将房产预测绘、人防面积预测绘、定位测量、建设工程规划验线、正负零检测等事项，在具备条件的情况下进行整合；将竣工规划测量、用地复核测量、房产测量、机动车停车场(库)测量、绿地测量、人防测量、地下管线测量等事项，在具备条件的情况下进行整合。加快统一相关测绘测量技术标准，实现同一阶段“一次委托、成果共享”，避免对同一标的物重复测绘测量。	自然资源部、住房城乡建设部、交通运输部、国家人防办

续表

序号	改革事项	主要内容	主管部门和单位
23	推行水电气暖等市政接入工程涉及的行政审批在线并联办理	对供电、供水、供气、供暖等市政接入工程涉及的建设工程规划许可、绿化许可、涉路施工许可等实行全程在线并联办理，对符合条件的市政接入工程审批实行告知承诺管理。改革后，有关行政审批部门加强抽查核验力度，对虚假承诺、违反承诺等行为实行惩戒。	住房城乡建设部、公安部、自然资源部、交通运输部、国家电网有限公司、中国南方电网有限责任公司
24	开展联合验收“一口受理”	对实行联合验收的工程建设项目，由住房城乡建设主管部门“一口受理”建设单位申请，并牵头协调相关部门限时开展联合验收，避免建设单位反复与多个政府部门沟通协调。	住房城乡建设部、自然资源部、国家人防办
25	进一步优化工程建设项目联合验收方式	对实行联合验收的工程建设项目，根据项目类别科学合理确定纳入联合验收的事项，原则上未经验收不得投入使用的事项（如规划核实、人防备案、消防验收、消防备案、竣工备案、档案验收等）应当纳入联合验收，其他验收事项可根据实际情况纳入，并综合运用承诺制等多种方式灵活办理验收手续，提高验收效率，减少企业等待时间，加快项目投产使用。改革后，相关主管部门和单位对未纳入联合验收的事项也要依申请及时进行验收，并优化验收流程，对验收时发现的问题及时督促建设单位整改。	住房城乡建设部、自然资源部、国家人防办
26	简化实行联合验收的工程建设项目竣工验收备案手续	对实行联合验收的工程建设项目，可在通过联合验收后现场出具竣工联合验收意见书，政府部门直接备案，不动产登记等相关部门通过系统数据共享获得需要的验收结果，企业无需再单独办理竣工验收备案。	住房城乡建设部、自然资源部、国家人防办

续表

序号	改革事项	主要内容	主管部门和单位
27	试行对已满足使用功能的单位工程开展单独竣工验收	对办理了一张建设工程规划许可证但涉及多个单位工程的工程建设项目,在符合项目整体质量安全要求、达到安全使用条件的前提下,对已满足使用功能的单位工程可采用单独竣工验收方式,单位工程验收合格后,可单独投入使用。改革后,试点城市建立完善单位工程竣工验收标准,加强风险管控,确保项目整体符合规划要求和质量安全。	住房城乡建设部、自然资源部、国家人防办
28	推进产业园区规划环评与项目环评联动	在环境质量符合国家相关考核要求、环境管理体系较为健全的产业园区,对环境影响较小的项目环评,探索入园建设项目环评改革,推进规划环评与项目环评联动,避免重复评价。改革后,对相关产业园区加强环境监测,明确园区及园区内企业环境风险防范责任,对破坏生态环境的项目及时依法依规处理。	生态环境部
29	下放部分工程资质行政审批权限	将省级审批的电子与智能化工程二级、消防设施工程二级、防水防腐保温工程二级、建筑装修装饰工程二级、建筑幕墙工程二级和特种工程资质的审批(包括企业发生重组、合并、分立、跨省变更等事项后资质核定),下放至北京市、上海市、重庆市市辖区(县)和杭州市、广州市、深圳市有关部门。改革后,试点城市明确承接机构、加强专业培训,做好事中事后监管。	住房城乡建设部
30	建立完善建筑师负责制	推动有序发展建筑师个人执业事务所。探索在民用建筑工程领域推进和完善建筑师负责制,充分发挥建筑师的主导作用,鼓励提供全过程工程咨询服务,与国际工程建设模式接轨。	住房城乡建设部
四、更好支持市场主体创新发展			
31	允许对食品自动制售设备等新业态发放食品经营许可	在保障食品安全和符合相关法律法规规定的前提下,经充分研究论证和开展风险评估,对自动制售设备、无人售货商店等自动化、无人化新业态的经营者发放食品经营许可或办理食品经营备案。	市场监管总局

续表

序号	改革事项	主要内容	主管部门和单位
32	在确保安全的前提下试行高精度地图面向智能网联汽车使用	在取得相关资质和确保安全的前提下，试行高精度地图在限定路段面向智能网联汽车使用，允许不涉及国家安全的自动驾驶高精度地图数据在限定路段采集和使用，同步健全细致完备的监管措施，确保监管到位。	自然资源部、公安部
33	进一步探索完善知识产权市场化定价和交易机制	探索建立跨区域知识产权交易服务平台，为知识产权交易提供信息挂牌、交易撮合、资产评估等服务，帮助科技企业快速质押融资。	国家知识产权局、财政部、国家版权局
34	健全知识产权质押融资风险分担机制和质物处置机制	健全政府引导的知识产权质押融资风险分担和补偿机制，综合运用担保、风险补偿等方式降低信贷风险。探索担保机构等通过质权转股权、反向许可、拍卖等方式快速进行质物处置，保障金融机构对质权的实现。	国家知识产权局、人民银行、国家版权局、银保监会
35	开展赋予科研人员职务科技成果所有权或长期使用权试点	赋予试点城市部分高等院校、科研机构的科研人员职务科技成果所有权或长期使用权。试点高等院校和科研机构将本单位利用财政性资金形成或接受企业、其他社会组织委托形成的归单位所有的职务科技成果所有权按一定比例赋予成果完成人（团队），试点单位与成果完成人（团队）成为共同所有权人。试点单位可赋予科研人员不低于10年的职务科技成果长期使用权。	科技部、教育部、财政部
36	优化科技企业孵化器及众创空间信息变更管理模式	在科技部门线上信息服务系统中增设国家备案科技企业孵化器及众创空间信息变更申请、审批和修改功能，增设科技企业孵化器及众创空间所属区域变更修改功能。对于名称、场地面积、经营场所等信息变更，由试点城市科技主管部门审批同意后即可变更，并将变更信息推送至国家科技主管部门。国家科技主管部门对相关信息变更的情况开展抽查检查和事中事后监管。	科技部

续表

序号	改革事项	主要内容	主管部门和单位
37	培育数据要素市场	开展数据确权探索，实现对数据主权的可控可管，推动数据安全有序流动。在数据流通、数据安全等方面加快形成开放环境下的新型监管体系。	国家发展改革委、工业和信息化部、国家网信办等国务院相关部门
38	有序开放公共管理和服务机构产生的部分公共数据	按照分级分类、需求导向、安全可控的原则，探索向社会进一步开放公共管理和服务机构在履行职责或提供服务时产生、处理的公共数据，引导科研院所、社会团体等依法依规开放自有数据，并规范数据处理活动，促进数据流动和开发利用。	国家发展改革委、工业和信息化部、国家网信办等国务院相关部门
五、持续提升跨境贸易便利化水平			
39	探索开展“组合港”、“一港通”等区域通关便利化改革	探索开展粤港澳大湾区“组合港”、“一港通”等改革，优化相关货物的转关手续，鼓励和支持试点城市进一步创新口岸通关监管方式，提升区域通关便利化水平。	海关总署
40	推动与东亚地区主要贸易伙伴口岸间相关单证联网核查	在确保信息安全的前提下，推动试点城市实现与日本、韩国、香港等东亚地区主要贸易伙伴和经济体口岸的相关单证联网核查。	海关总署、商务部
41	优化进出口货物查询服务	利用“单一窗口”为企业及相关机构提供进出口货物全流程查询服务。基于企业授权，企业申报信息可为金融机构开展融资、收结汇服务提供信用依据。	海关总署、商务部
42	实行进出口联合登临检查	依托“单一窗口”将查验通知推送给口岸作业场站，开发“单一窗口”预约联合登临检查功能等，实现通关和物流操作快速衔接，提高进出口货物提离速度。	海关总署、交通运输部

续表

序号	改革事项	主要内容	主管部门和单位
43	加强铁路信息系统与海关信息系统的数据交换共享	加强铁路信息系统与海关信息系统的数据交换共享,实现相关单证电子化流转,大力推广铁路口岸“快速通关”业务模式,压缩列车停留时间,提高通关效率。	海关总署、国家铁路局、中国国家铁路集团有限公司
44	推进水铁空公多式联运信息共享	打破制约多式联运发展的信息壁垒,推进铁路、公路、水路、航空等运输环节信息对接共享,实现运力信息可查、货物全程实时追踪等,促进多种运输方式协同联动。	交通运输部、海关总署、国家铁路局、中国民航局、国家邮政局、中国国家铁路集团有限公司
45	进一步深化进出口货物“提前申报”、“两步申报”、“船边直提”、“抵港直装”等改革	推行进出口货物“提前申报”、“两步申报”措施。在有条件的港口推进进口货物“船边直提”和出口货物“抵港直装”。	海关总署
46	在“CCC 免办及特殊用途进口产品检测处理管理系统”中为符合条件的企业开设便捷通道	对符合条件的企业进口免强制性产品认证(CCC认证)产品目录内的产品,免于 CCC 免办证书申请和审核,实现“白名单企业”自我承诺、自主填报、自动获证。试点城市制定免予办理 CCC 认证便捷通道操作办法等,做好全链条闭环监管。	市场监管总局、海关总署

续表

序号	改革事项	主要内容	主管部门和单位
47	探索开展科研设备、耗材跨境自由流动，简化研发用途设备和样本样品进出口手续	探索制定跨境科研用物资正面清单，对正面清单列明的科研设备、科研样本、实验试剂、耗材等科研物资实行单位事先承诺申报、海关便利化通关的管理模式，简化报关单申报、检疫审批、监管证件管理等环节。对国外已上市但国内未注册的研发用医疗器械，准许企业在强化自主管理、确保安全的前提下进口，海关根据相关部门意见办理通关手续。	科技部、商务部、国家卫生健康委、海关总署、市场监管总局
六、优化外商投资和国际人才服务管理			
48	建立涉外商事一站式多元解纷中心	支持试点城市建立涉外商事一站式多元解纷中心，为国际商事纠纷提供多元、高效、便捷解纷渠道。探索建立健全线上、线下解纷平台，引入国内调解组织、仲裁机构。鼓励调解组织、仲裁机构引入外籍调解员、仲裁员。	最高人民法院，司法部
49	探索将境内仲裁机构的开庭通知作为签证材料	允许将境内仲裁机构出具的开庭通知作为境外市场主体进入试点城市参与仲裁活动的签证材料，无需其他邀请函件。	外交部、司法部、国家移民局
50	探索制定外籍“高精尖缺”人才地方认定标准	结合国家外国高端人才、专业人才标准和本地区实际需求，探索制定外籍“高精尖缺”人才地方认定标准，加大外籍人才引进力度。	科技部、人力资源社会保障部
51	探索建立国际职业资格证书认可清单制度	在不直接涉及公共安全和人民群众生命健康、风险可控的领域，探索建立国际职业资格证书认可清单制度，允许取得境外相应职业资格或公认的国际专业组织认证的国际人才，经能力水平认定或有关部门备案后在试点城市上岗，并加强执业行为监管。	人力资源社会保障部等国务院相关部门
52	允许内资企业和中国公民开办外籍人员子女学校	放宽外籍人员子女学校举办者市场准入，允许内资企业和中国公民等开办外籍人员子女学校，为外籍人才在华工作生活提供便利。	教育部

续表

序号	改革事项	主要内容	主管部门和单位
53	简化港澳投资者商事登记的流程和材料	允许采用简化版公证文书(仅保留公司注册证明书、公司商业登记证以及授权代表人签字字样和公司印章样式的董事会或股东会决议等核心信息的文书)办理港澳地区非自然人投资的市场主体注册登记,简化港澳投资者办理商事登记的流程和材料。	市场监管总局、司法部
54	支持开展国际航行船舶保税加油业务,提升国际航运综合服务能力	赋予上海市、广州市国际航行船舶保税加油许可权。允许广州市、深圳市保税油供应企业在广东省范围内开展保税油直供业务,进一步增强国际航运综合服务能力,吸引国际航行船舶。	商务部、财政部、交通运输部、海关总署
七、维护公平竞争秩序			
55	清理设置非必要条件排斥潜在竞争者行为	清理取消企业在资质资格获取、招投标、政府采购、权益保护等方面存在的差别化待遇,清理通过划分企业等级、增设证明事项、设立项目库、注册、认证、认定等非必要条件排除和限制竞争的行为。	国家发展改革委、财政部等国务院相关部门
56	推进招投标全流程电子化改革	推进招投标全流程电子化,加快实施合同签订和变更网上办理。推动电子招投标交易平台与国库支付系统信息共享,实现工程款支付网上查询。	国家发展改革委、财政部等国务院相关部门
57	探索建立招标计划提前发布制度	对国有资金占控股或主导地位企业依法必须招标的项目,在招标前设置招标计划发布环节,发布时间为招标公告发布之日前至少30日,提高招投标活动透明度。	国家发展改革委
58	优化水利工程招投标手续	推行水利工程在发布招标公告时同步发售或者下载资格预审文件(或招标文件)。取消水利工程施工招标条件中“监理单位已确定”的条件。	国家发展改革委、水利部
59	简化对政府采购供应商资格条件的形式审查	简化对供应商资格条件等的形式审查,不再要求供应商提供相关财务状况、缴纳税收和社会保障资金等证明材料,降低政府采购供应商交易成本。	财政部

续表

序号	改革事项	主要内容	主管部门和单位
八、进一步加强和创新监管			
60	在部分领域探索建立完善综合监管机制	理顺单用途商业预付卡等预付式消费、成品油、农产品等领域监管机制,明确监管责任部门,统一行业监管标准。	商务部、农业农村部、市场监管总局等国务院相关部门
61	探索实行惩罚性赔偿和内部举报人制度	探索在食品、药品、疫苗、环保、安全生产等直接涉及公共安全和人民群众生命健康的领域,依法制定惩罚性赔偿和内部举报人制度的具体办法。	最高人民法院,生态环境部、应急部、市场监管总局、国家药监局等国务院相关部门
62	探索形成市场主体全生命周期监管链	在市场主体办理注册登记、资质审核、行政许可及接受日常监管、公共服务过程中,及时全面记录市场主体行为及信用信息,在此基础上实现分级分类"信用+智慧"监管,并做到全程可查询、可追溯。	市场监管总局、国家发展改革委、人民银行等国务院相关部门
63	在部分重点领域建立事前事中事后全流程监管机制	在消防安全、食品药品、环境保护、水土保持、医疗卫生等重点领域,建立完善全链条、全流程监管体系,并探索制定行业信用监管标准化工作规范,提高监管效能。	国家发展改革委、生态环境部、住房城乡建设部、水利部、国家卫生健康委、应急部、市场监管总局、国家药监局等国务院相关部门

续表

序号	改革事项	主要内容	主管部门和单位
64	探索对重点行业从业人员建立个人信用体系	探索将医疗、教育、工程建设等重点领域从业人员的执业行为记入个人信用记录，并共享至全国信用信息共享平台。对存在严重不良行为的依法实行行业禁入等惩戒措施。	国家发展改革委、教育部、住房城乡建设部、国家卫生健康委等国务院相关部门
65	建立完善互联网医院监管平台	建立完善互联网医院监管平台，接入互联网医院系统，加强医师线上执业行为监管。	国家卫生健康委
66	在税务监管领域建立“信用+风险”监管体系	探索推进动态“信用+风险”税务监控，简化无风险和低风险企业的涉税业务办理流程，提醒预警或直接阻断高风险企业的涉税业务办理，依托大数据分析进一步提高风险管理效能。	税务总局
67	优化网络商品抽检机制	向试点城市开放全国网络商品抽检信息，试点城市按照重点抽检属地平台、属地商户的原则，加大对网络商品的抽检力度，定期公示抽检结果，并将属地平台中非本地商户抽检结果推送至商户所在地市场监管部门，商户所在地市场监管部门按有关规定及时予以处理。	市场监管总局
68	实行特种设备作业人员证书电子化管理	探索制定特种设备作业人员电子证书，在纸质证书样式基础上加载聘用、违规行为等从业信息，实现与纸质证书并行使用。通过数据交换等方式将相关信息汇聚到试点城市市场监管部门平台，加强对从业人员的管理。	市场监管总局
69	建立不予实施行政强制措施清单	探索柔性监管新方式，建立不予实施行政强制措施清单，对违法行为情节显著轻微或者没有明显社会危害，采取非强制手段可以达到行政管理目的的，不采取行政强制措施。	税务总局、市场监管总局等国务院相关部门

续表

序号	改革事项	主要内容	主管部门和单位
70	在市场监管、税务领域探索建立行政执法人员尽职免责制度	探索建立市场监管、税务等领域行政执法人员尽职免责制度，在仅需形式审查的部分监管领域，以及因现有科学技术、监管手段限制未能及时发现问题的，或行政相对人、第三方弄虚作假、刻意隐瞒的部分情形，试行不予追究执法过错责任。	税务总局、市场监管总局等国务院相关部门
九、依法保护各类市场主体产权和合法权益			
71	探索建立企业合法权益补偿救济机制	在债务融资、政府采购、招投标、招商引资等领域，针对因政策变化、规划调整而不履行合同约定，造成企业合法利益受损的情形，探索建立补偿救济机制和责任追究制度，维护企业合法权益。	国家发展改革委、司法部、财政部等国务院相关部门
72	建立健全政务诚信诉讼执行协调机制	探索建立政务诚信诉讼执行协调机制，由相关地方人民法院定期将涉及政府部门、事业单位失信被执行人信息定向推送给政务诚信牵头部门。政务诚信牵头部门负责协调推动有关单位执行人民法院判决结果，保障市场主体合法权益。	最高人民法院，国务院办公厅、国家发展改革委、司法部
73	畅通知识产权领域信息交换渠道	建立试点城市知识产权部门与国家知识产权局在商标侵权判断、专利侵权判定及商标专利法律状态等方面的信息交换渠道。建立商标恶意注册和非正常专利申请的快速处置联动机制。开展商标专利巡回评审和远程评审。	国家知识产权局
74	探索建立海外知识产权纠纷应对指导机制	建立对试点城市海外知识产权纠纷应对的指导机制，支持试点城市建立维权协作机构。	国家知识产权局、国家版权局
75	强化对专利代理机构的监管	将省级专利代理机构监管职能委托给市（直辖市市辖区）级执行，优化专利代理监管机制，强化基层监管力量。	国家知识产权局
76	推行人民法院档案电子化管理	对于以电子方式收集或形成的文书材料可直接转为电子档案归档，无需再制作纸质材料形成纸质档案。	最高人民法院，国家档案局

续表

序号	改革事项	主要内容	主管部门和单位
77	开展司法专递面单电子化改革	实行司法专递面单电子化,在受送达人签收、拒收或查无此人退回等送达任务完成后,邮政公司将人民法院专递面单进行电子化,通过系统对接后回传给人民法院,原始纸质面单可由邮政公司集中保管,人民法院将电子面单入卷归档,并降低邮寄送达的相关费用。	最高人民法院,国家邮政局
78	调整小额诉讼程序适用范围及费用	允许标的额较小、当事人除提出给付金额诉讼请求外同时提出停止侵权、消除影响、赔礼道歉等其他诉讼请求的知识产权纠纷案件,适用小额诉讼程序。允许降低适用小额诉讼程序审理的案件受理费标准。	最高人民法院,国家发展改革委、财政部、国家版权局
十、优化经常性涉企服务			
79	便利开展机动车、船舶、知识产权等动产和权利担保融资	推动机动车、船舶、知识产权等担保登记主管部门探索建立以担保人名称为索引的电子数据库,实现对试点城市相关担保品登记状态信息的在线查询、修改和撤销。相关担保信息与人民银行征信中心动产融资统一登记公示系统共享互通,实现各类登记信息的统一查询。	人民银行、公安部、交通运输部、国家版权局、国家知识产权局
80	简化水路运输经营相关信息变更办理程序	探索取消"固定办公场所发生变化"、"主要股东发生变化"备案,市场监管部门在水路运输经营者固定办公场所发生变化、主要股东发生变化后15个工作日内,将系统数据推送给同级交通运输主管部门。	交通运输部、市场监管总局
81	简化检验检测机构人员信息变更办理程序	检验检测机构变更法定代表人、最高管理者、技术负责人,由检验检测机构自行修改资质认定系统人员信息,不需再到资质认定部门申请办理。	市场监管总局
82	简化不动产非公证继承手续	法定继承人或受遗赠人到不动产登记机构进行登记材料查验,有第一顺序继承人的,第二顺序继承人无需到场,无需提交第二顺序继承人材料。登记申请人应承诺提交的申请材料真实有效,因承诺不实给他人造成损失的,承担相应法律责任。	自然资源部

续表

序号	改革事项	主要内容	主管部门和单位
83	对办理不动产登记涉及的部分事项试行告知承诺制	申请人因特殊原因确实难以获取死亡证明、亲属关系证明材料的，可以书面承诺代替死亡证明、亲属关系证明，并承诺若有隐瞒实际情况，给他人造成损失的，承担相应法律责任。	自然资源部、公安部、民政部、国家卫生健康委
84	探索将遗产管理人制度引入不动产非公证继承登记	探索研究将遗产管理人制度引入不动产非公证继承登记的查验、申请程序，简化相关流程，提高办理效率。	最高人民法院，自然资源部
85	探索对个人存量房交易开放电子发票功能	探索对个人存量房交易开放代开增值税电子普通发票功能，允许自然人网上缴税后获取增值税电子普通发票，推动实现全业务流程网上办理。	税务总局、自然资源部
86	实施不动产登记、交易和缴纳税费“一网通办”	推进全业务类型“互联网+不动产登记”，实施不动产登记、交易和缴纳税费“一窗受理、并行办理”。加快实施网上缴纳税费，推行税费、登记费线上一次收缴、后台自动清分入账(库)。	自然资源部、财政部、住房城乡建设部、人民银行、税务总局
87	推行办理不动产登记涉及的政务信息共享和核验	公安部门依托国家人口基础信息库、“互联网+可信身份认证平台”等对外服务系统，向不动产登记机构提供“公安部—人口库—人像比对服务接口”进行全国人口信息核验，并提供户籍人口基本信息；公安、卫生健康、民政等部门提供死亡证明、火化证明、收养登记等信息；公安、民政部门提供涉及人员单位的地名地址等信息；司法行政部门提供委托、继承、亲属关系等涉及不动产登记公证书真伪核验服务。	自然资源部、公安部、民政部、司法部、国家卫生健康委
88	探索开展不动产登记信息及地籍图可视化查询	依托互联网拓展不动产登记信息在线可视化检索和查询服务，任何人经身份验证后可在电子地图上依法查询不动产自然状况、权利限制状况、地籍图等信息，更大便利不动产转移登记，提高土地管理质量水平。	自然资源部

续表

序号	改革事项	主要内容	主管部门和单位
89	试行有关法律文书及律师身份在线核验服务	优化律师查询不动产登记信息流程，司法行政部门向不动产登记机构提供律师身份在线核验，人民法院提供律师调查令、立案文书信息在线核验，便利律师查询不动产登记信息。	最高人民法院，自然资源部、司法部
90	探索非接触式发放税务UKey	探索向新办纳税人非接触式发放税务UKey，纳税人可以向税务机关免费申领税务UKey。	税务总局、市场监管总局
91	深化“多税合一”申报改革	探索整合企业所得税和财产行为税综合申报表，尽可能统一不同税种征期，进一步压减纳税人申报和缴税的次数。	税务总局
92	试行全国车船税缴纳信息联网查询与核验	向试点城市保险机构依法依规开放全国车船税缴纳情况免费查询或核验接口，便于车辆异地办理保险及缴税。	税务总局、银保监会
93	进一步拓展企业涉税数据开放维度	对试点城市先期提供其他地方税务局的欠税公告信息、非正常户信息和骗取退税、虚开发票等高风险纳税人名单信息，以及税务总局的行政处罚类信息等，后续逐渐扩大信息共享共用范围，进一步提高征管效能。	税务总局
94	对代征税款试行实时电子缴税入库的开具电子完税证明	允许试点城市在实现代征税款逐笔电子缴税且实时入库的前提下，向纳税人提供电子完税证明。	税务总局
95	试行公安服务“一窗通办”	试行公安服务“一窗通办”，建设涉及治安、户政、交管等公安服务综合窗口，实行“前台综合收件、后台分类审批、统一窗口出件”，推进更多事项实现在线办理。	公安部
96	推行企业办事“一照通办”	通过政府部门内部数据共享等方式归集或核验企业基本信息，探索实行企业仅凭营业执照即可办理部分高频审批服务事项，无需提交其他材料。	市场监管总局等国务院相关部门

续表

序号	改革事项	主要内容	主管部门和单位
97	进一步扩大电子证照、电子签章等应用范围	在货物报关、银行贷款、项目申报、招投标、政府采购等业务领域推广在线身份认证、电子证照、电子签章应用，逐步实现在政务服务中互通互认，满足企业、个人在网上办事时对于身份认证、电子证照、加盖电子签章文档的业务需求。鼓励认证机构在认证证书等领域推广使用电子签章。	国务院办公厅、国家发展改革委、公安部、财政部、人民银行、海关总署、市场监管总局、银保监会等国务院相关部门
98	简化洗染经营者登记手续	洗染经营者在市场监管部门注册登记后，无需到商务部门办理备案手续，由市场监管部门直接将相关信息推送给同级商务部门。	商务部、市场监管总局
99	取消企业内部使用的最高计量标准器具的考核发证及强制检定	企业内部使用的最高计量标准器具调整为企业自主管理，不需计量行政部门考核发证，也不再实行强制检定，但应满足计量溯源性要求。	市场监管总局
100	优化游艇检验制度和流程	探索建立批量建造的游艇型式检验制度，对通过型式检验的新建游艇，由船籍港所在地船舶检验机构根据工厂出具的合格证换发船舶检验证书。优化进口游艇检验流程，对外国船舶检验机构签发的游艇检验证书，可按照程序换发国内检验证书。改革后，加大对游艇可见构件和强度的检查评估和抽查力度，及时整改、消除安全隐患，督促游艇所有人落实游艇日常安全管理、保养和技术维护，确保游艇安全。	交通运输部
101	优化游艇登记制度	允许游艇所有人在其签约的游艇俱乐部所在地海事管理机构直接办理游艇登记手续。同时，将船舶国籍证书、中华人民共和国船舶电台执照、海上移动通信业务标识码证书等多份登记证书整合为一份游艇登记证书，实现“一份材料、一次申请、发一本证”，提高游艇登记效率，便利游艇证书管理。	交通运输部

附件 2

国务院决定在营商环境创新试点城市暂时调整适用有关行政法规规定目录

序号	改革事项	主要内容	行政法规规定	调整适用情况
1	优化常用低风险植物和植物产品跨区域流通检疫申请流程	试点城市明确以本城市为调入地、必须经过检疫的常用低风险植物和植物产品的检疫要求，并在“全国植物检疫信息化管理系统”和“林业植物检疫管理信息系统”中进行公示，调出地植物检疫机构根据公示要求进行检疫，并出具检疫证书，企业在收到检疫合格证书后即可调运。改革后，调入地植物检疫机构按职责做好对检疫证书的查验审核，并完善复检制度，严格把好植物和植物产品跨省调运的检疫关。	《植物检疫条例》 **第十条第一款** 省、自治区、直辖市间调运本条例第七条规定必须经过检疫的植物和植物产品的，调入单位必须事先征得所在地的省、自治区、直辖市植物检疫机构同意，并向调出单位提出检疫要求；调出单位必须根据该检疫要求向所在地的省、自治区、直辖市植物检疫机构申请检疫。对调入的植物和植物产品，调入单位所在地的省、自治区、直辖市的植物检疫机构应当查验检疫证书，必要时可以复检。	暂时调整适用相关内容，允许向试点城市调运必须经过检疫的常用低风险植物和植物产品时，取消调入单位必须事先征得所在地的省、自治区、直辖市植物检疫机构同意的环节，由调入地植物检疫机构在相关信息系统公示和更新检疫要求。调出地植物检疫机构根据公示要求进行检疫并出具检疫证书，企业在收到检疫合格证书后即可调运。 调整后，试点城市及时公示和更新常用低风险植物和植物产品的检疫要求，并做好对检疫证书的查验审核，完善复检制度，严格把好植物和植物产品跨省调运的检疫关。

续表

序号	改革事项	主要内容	行政法规规定	调整适用情况
2	优化破产企业土地、房产处置程序	企业破产案件中因债务人资料缺失或第三方机构(如设计、勘察、监理等单位)不配合竣工验收等情形导致无法办理竣工验收的建设工程,经委托有关专业机构对工程质量进行安全鉴定合格后,可办理不动产登记。	《建设工程质量管理条例》 **第十六条** 建设单位收到建设工程竣工报告后,应当组织设计、施工、工程监理等有关单位进行竣工验收。 建设工程竣工验收应当具备下列条件: (一)完成建设工程设计和合同约定的各项内容; (二)有完整的技术档案和施工管理资料; (三)有工程使用的主要建筑材料、建筑构配件和设备的进场试验报告; (四)有勘察、设计、施工、工程监理等单位分别签署的质量合格文件; (五)有施工单位签署的工程保修书。 建设工程经验收合格的,方可交付使用。	暂时调整适用相关内容,试点城市企业破产案件中因债务人资料缺失或第三方机构(如设计、勘察、监理等单位)不配合竣工验收等情形导致无法办理竣工验收的建设工程,经委托有关专业机构对工程质量进行安全鉴定合格后,可办理不动产登记。 调整后,试点城市明确可直接进行工程质量安全鉴定建设工程的条件。加强对工程质量安全鉴定专业机构的管理,确保相关建设工程满足质量安全要求。

续表

序号	改革事项	主要内容	行政法规规定	调整适用情况
3	健全企业重整期间信用修复机制	人民法院裁定批准重整计划的破产企业，可以申请在“信用中国”网站、国家企业信用信息公示系统、金融信用信息基础数据库中添加相关信息，及时反映企业重整情况；有关部门依法依规调整相关信用限制和惩戒措施。	《企业信息公示暂行条例》 **第六条第一款** 工商行政管理部门应当通过企业信用信息公示系统，公示其在履行职责过程中产生的下列企业信息： （一）注册登记、备案信息； （二）动产抵押登记信息； （三）股权出质登记信息； （四）行政处罚信息； （五）其他依法应当公示的信息。 **第七条第一款** 工商行政管理部门以外的其他政府部门（以下简称其他政府部门）应当公示其在履行职责过程中产生的下列企业信息： （一）行政许可准予、变更、延续信息； （二）行政处罚信息； （三）其他依法应当公示的信息。	暂时调整适用相关内容，试点城市人民法院裁定批准重整计划的破产企业，经征得失信信息认定部门同意后，可申请在相关公共信用网站上添加反映其重整情况的信息和中止公示失信信息。 调整后，试点城市强化人民法院与市场监管部门等政府部门的协调联动，确保相关企业公示信息真实、准确。同时，对未能完成重整计划的破产企业，要及时在相关公共信用网站更新相关信息。

续表

序号	改革事项	主要内容	行政法规规定	调整适用情况
4	探索将境内仲裁机构的开庭通知作为签证材料	允许将境内仲裁机构出具的开庭通知作为境外市场主体进入试点城市参与仲裁活动的签证材料，无需其他邀请函件。	《中华人民共和国外国人入境出境管理条例》 **第七条第一款** 外国人申请办理签证，应当填写申请表，提交本人的护照或者其他国际旅行证件以及符合规定的照片和申请事由的相关材料。 …… （三）申请F字签证，应当提交中国境内的邀请方出具的邀请函件。 ……	暂时调整适用相关内容，允许外国人在申请F字签证进入试点城市参与仲裁活动时，以境内仲裁机构出具的开庭通知作为签证材料，无需提交中国境内邀请方出具的邀请函件。 调整后，试点城市加强仲裁机构向境外市场主体出具开庭通知的管理，禁止违规出具开庭通知。严格审核入境人员提交的开庭通知，确保材料真实有效。
5	简化对政府采购供应商资格条件的形式审查	简化对供应商资格条件等的形式审查，不再要求供应商提供相关财务状况、缴纳税收和社会保障资金等证明材料，降低政府采购供应商交易成本。	《中华人民共和国政府采购法实施条例》 **第十七条第一款** 参加政府采购活动的供应商应当具备政府采购法第二十二条第一款规定的条件，提供下列材料： （一）法人或者其他组织的营业执照等证明文件，自然人的身份证明； （二）财务状况报告，依法缴纳税收和社会保障资金的相关材料； ……	暂时调整适用相关内容，允许供应商参加试点城市政府采购时，不再提交财务状况报告、依法缴纳税收和社会保障资金等相关材料。 调整后，试点城市加强部门间市场主体信息数据共享，加强对供应商在政府采购平台上提交材料真实性的审核，确保供应商符合政府采购规定的条件。

续表

序号	改革事项	主要内容	行政法规规定	调整适用情况
6	调整小额诉讼程序适用范围及费用	允许降低适用小额诉讼程序审理的案件受理费标准。	《诉讼费用交纳办法》 **第十三条第一款** 案件受理费分别按照下列标准交纳： （一）财产案件根据诉讼请求的金额或者价额，按照下列比例分段累计交纳： 1. 不超过1万元的，每件交纳50元； 2. 超过1万元至10万元的部分，按照2.5%交纳； …… **第十六条** 适用简易程序审理的案件减半交纳案件受理费。	暂时调整适用相关内容，允许试点城市降低适用小额诉讼程序审理的案件受理费标准。 调整后，试点城市明确适用小额诉讼程序审理的案件受理费标准，加强对相关案件和诉讼费用的管理和监督。
7	取消企业内部使用的最高计量标准器具的考核发证及强制检定	企业内部使用的最高计量标准器具调整为企业自主管理，不需计量行政部门考核发证，也不再实行强制检定，但应满足计量溯源性要求。	《中华人民共和国计量法实施细则》 **第十条** 企业、事业单位建立本单位各项最高计量标准，须向与其主管部门同级的人民政府计量行政部门申请考核。乡镇企业向当地县级人民政府计量行政部门申请考核。经考核符合本细则第七条规定条件并取得考核合格证的，企业、事业单位方可使用，并向其主管部门备案。	暂时调整适用相关内容，允许试点城市企业内部使用的最高计量标准器具由企业自主管理，不需计量行政部门考核发证，不再实行强制检定。 调整后，试点城市加强对企业自主管理最高计量标准器具的指导和事中事后监管，确保满足计量溯源性要求和计量标准准确。

国务院关于进一步贯彻实施《中华人民共和国行政处罚法》的通知

（2021 年 11 月 15 日　国发〔2021〕26 号）

《中华人民共和国行政处罚法》（以下简称行政处罚法）已经十三届全国人大常委会第二十五次会议修订通过。为进一步贯彻实施行政处罚法，现就有关事项通知如下：

一、充分认识贯彻实施行政处罚法的重要意义

行政处罚法是规范政府行为的一部重要法律。贯彻实施好新修订的行政处罚法，对推进严格规范公正文明执法，保障和监督行政机关有效实施行政管理，优化法治化营商环境，保护公民、法人或者其他组织的合法权益，加快法治政府建设，推进国家治理体系和治理能力现代化，具有重要意义。新修订的行政处罚法体现和巩固了近年来行政执法领域取得的重大改革成果，回应了当前的执法实践需要，明确了行政处罚的定义，扩充了行政处罚种类，完善了行政处罚程序，强化了行政执法责任。各地区、各部门要从深入学习贯彻习近平法治思想，加快建设法治国家、法治政府、法治社会的高度，充分认识新修订的行政处罚法施行的重要意义，采取有效措施，作出具体部署，扎实做好贯彻实施工作。

二、加强学习、培训和宣传工作

（一）开展制度化规范化常态化培训。行政机关工作人员特别是领导干部要带头认真学习行政处罚法，深刻领会精神实质和内在要求，做到依法行政并自觉接受监督。各地区、各部门要将行政处罚法纳入行政执法培训内容，作为行政执法人员的必修课，使行政执法人员全面理解和准确掌握行政处罚法的规定，依法全面正确履行行政处罚职能。各地区、各部门要于 2022 年 6 月前通过多种形式完成对现有行政执法人员的教育培训，并持续做好新上岗行政执法人员培训工作。

（二）加大宣传力度。各地区、各部门要将行政处罚法宣传纳入本地区、本部门的“八五”普法规划，面向社会广泛开展宣传，增强全民法治观念，提高全民守法意识，引导各方面监督行政处罚行为、维护自身合法权益。要按照“谁执法谁普法”普法责任制的要求，落实有关属地管理责任和部门主体责任，深入开展行政执法人员、行政复议人员等以案释法活动。

三、依法规范行政处罚的设定

（三）加强立法释法有关工作。起草法律、法规、规章草案时，对违反行政管理秩序的公民、法人或者其他组织，以减损权益或者增加义务的方式实施惩戒的，要依法设定行政处罚，不得以其他行政管理措施的名义变相设定，规避行政处罚设定的要求。对上位法设定的行政处罚作出具体规定的，不得通过增减违反行政管理秩序的行为和行政处罚种类、在法定幅度之外调整罚款上下限等方式层层加码或者“立法放水”。对现行法律、法规、规章中的行政管理措施是否属于行政处罚有争议的，要依法及时予以解释答复或者提请有权机关解释答复。

（四）依法合理设定罚款数额。根据行政处罚法规定，尚未制定法律、行政法规的，国务院部门规章对违反行政管理秩序的行为，可以按照国务院规定的限额设定一定数额的罚款。部门规章设定罚款，要坚持过罚相当，罚款数额要与违法行为的事实、性质、情节以及社会危害程度相当，该严的要严，该轻的要轻。法律、行政法规对违法行为已经作出罚款规定的，部门规章必须在法律、行政法规规定的给予行政处罚的行为、种类和幅度的范围内规定。尚未制定法律、行政法规，因行政管理迫切需要依法先以部门规章设定罚款的，设定的罚款数额最高不得超过 10 万元，且不得超过法律、行政法规对相似违法行为的罚款数额，涉及公民生命健康安全、金融安全且有危害后果的，设定的罚款数额最高不得超过 20

万元;超过上述限额的,要报国务院批准。上述情况下,部门规章实施一定时间后,需要继续实施其所设定的罚款且需要上升为法律、行政法规的,有关部门要及时报请国务院提请全国人大及其常委会制定法律,或者提请国务院制定行政法规。本通知印发后,修改部门规章时,要结合实际研究调整罚款数额的必要性,该降低的要降低,确需提高的要严格依照法定程序在限额范围内提高。地方政府规章设定罚款的限额,依法由省、自治区、直辖市人大常委会规定。

(五)强化定期评估和合法性审核。国务院部门和省、自治区、直辖市人民政府及其有关部门要认真落实行政处罚定期评估制度,结合立法计划规划每5年分类、分批组织一次评估。对评估发现有不符合上位法规定、不适应经济社会发展需要、明显过罚不当、缺乏针对性和实用性等情形的行政处罚规定,要及时按照立法权限和程序自行或者建议有权机关予以修改、废止。要加强行政规范性文件合法性审核,行政规范性文件不得设定行政处罚;违法规定行政处罚的,相关规定一律无效,不得作为行政处罚依据。

四、进一步规范行政处罚的实施

(六)依法全面正确履行行政处罚职能。行政机关要坚持执法为民,通过行政处罚预防、纠正和惩戒违反行政管理秩序的行为,维护公共利益和社会秩序,保护公民、法人或者其他组织的合法权益,不得违法实施行政处罚,不得为了处罚而处罚,坚决杜绝逐利执法,严禁下达罚没指标。财政部门要加强对罚缴分离、收支两条线等制度实施情况的监督,会同司法行政等部门按规定开展专项监督检查。要持续规范行政处罚行为,推进事中事后监管法治化、制度化、规范化,坚决避免运动式执法等执法乱象。

(七)细化管辖、立案、听证、执行等程序制度。各地区、各部门要严格遵守法定程序,结合实际制定、修改行政处罚配套制度,确保行政处罚法的有关程序要求落到实处。要进一步完善地域管辖、职能管辖等规定,建立健全管辖争议解决机制。两个以上行政机关属于同一主管部门，发生行政处罚管辖争议、协商不成的，由共同的上一级主管部门指定管辖；两个以上行政机关属于不同主管部门，发生行政处罚管辖争议、协商不成的，司法行政部门要会同有关单位进行协调，在本级人民政府领导下做好指定管辖工作。要建立健全立案制度、完善立案标准，对违反行政管理秩序的行为，按规定及时立案并严格遵守办案时限要求，确保案件得到及时有效查处。确需通过立法对办案期限作出特别规定的，要符合有利于及时查清案件事实、尽快纠正违法行为、迅速恢复正常行政管理秩序的要求。要建立健全行政处罚听证程序规则，细化听证范围和流程，严格落实根据听证笔录作出行政处罚决定的规定。要逐步提高送达地址确认书的利用率，细化电子送达工作流程，大力推进通过电子支付系统缴纳罚款，加强信息安全保障和技术支撑。

（八）规范电子技术监控设备的设置和使用。行政机关设置电子技术监控设备要确保符合标准、设置合理、标志明显，严禁违法要求当事人承担或者分摊设置电子技术监控设备的费用，严禁交由市场主体设置电子技术监控设备并由市场主体直接或者间接收取罚款。除有证据证明当事人存在破坏或者恶意干扰电子技术监控设备、伪造或者篡改数据等过错的，不得因设备不正常运行给予其行政处罚。要定期对利用电子技术监控设备取证的行政处罚决定进行数据分析；对同一区域内的高频违法行为，要综合分析研判原因，推动源头治理，需要改进行政管理行为的，及时采取相应措施，杜绝以罚代管。要严格限制电子技术监控设备收集信息的使用范围，不得泄露或者向他人非法提供。

（九）坚持行政处罚宽严相济。各地区、各部门要全面推行行政裁量基准制度，规范行政处罚裁量权，确保过罚相当，防止畸轻畸重。行政机关不得在未查明违法事实的情况下，对一定区域、领域的公民、法人或者其他组织“一刀切”实施责令停产停业、责令关闭等行政处罚。各地区、各部门要按照国务院关于复制推广自由贸易试验区改革试点经验的要求，全面落实“初次违法且危害后果轻微并及时改正的，可以不予行政处罚”的规定，根据实际制定发布多个领域的包容免罚清单；对当事人违法行为依法免予行政处罚的，采取签订承诺书等方式教育、引导、督促其自觉守法。要加大食品药品、公共卫生、自然资源、生态环境、安全生产、劳动保障等关系群众切身利益的重点领域执法力度。发生重大传染病疫情等突发事件，行政机关对违反突发事件应对措施的行为依法快速、从重处罚时，也要依法合理保护当事人的合法权益。

（十）健全法律责任衔接机制。各地区、各部门要细化责令退赔违法所得制度，依法合理保护利害关系人的合法权益；当事人主动退赔，消除或者减轻违法行为危害后果的，依法予以从轻或者减轻行政处罚。要全面贯彻落实《行政执法机关移送涉嫌犯罪案件的规定》，加强行政机关和司法机关协调配合，按规定畅通案件移送渠道，完善案件移送标准和证据认定保全、信息共享、工作协助等机制，统筹解决涉案物品归口处置和检验鉴定等问题。积极推进行政执法与刑事司法衔接信息平台建设。对有案不移等，情节严重构成犯罪的，依法追究刑事责任。

五、持续改革行政处罚体制机制

（十一）纵深推进综合行政执法体制改革。省、自治区、直辖市人民政府要统筹协调推进综合行政执法改革工作，建立健全配套制度，组织编制并公开本地区综合行政执法事项清单。有条件的地区可以在统筹考虑综合性、专业性以及防范风险的基础上，积极稳妥探索开展更大范围、更多领域集中行使行政处罚权以及与之相关的行政检查权、行政强制权。建立健全综合行政执法机关与业务主管部门、其他行政机关行政执法信息互联互通共享、协作配合工作机制。同时实施相对集中行政许可权和行政处罚权的，要建立健全相关制度机制，确保有序衔接，防止出现监管真空。

（十二）积极稳妥赋权乡镇街道实施行政处罚。省、自治区、直辖市根据当地实际情况，采取授权、委托、相对集中行政处罚权等方式向能够有效承接的乡镇人民政府、街道办事处赋权，要注重听取基层意见,关注基层需求,积极稳妥、科学合理下放行政处罚权,成熟一批、下放一批,确保放得下、接得住、管得好、有监督;要定期组织评估,需要调整的及时调整。有关市、县级人民政府及其部门要加强对乡镇人民政府、街道办事处行政处罚工作的组织协调、业务指导、执法监督,建立健全评议考核等配套制度,持续开展业务培训,研究解决实际问题。乡镇人民政府、街道办事处要不断加强执法能力建设,依法实施行政处罚。

(十三)规范委托行政处罚。委托行政处罚要有法律、法规、规章依据,严格依法采用书面委托形式,委托行政机关和受委托组织要将委托书向社会公布。对已经委托行政处罚,但是不符合行政处罚法要求的,要及时清理;不符合书面委托规定、确需继续实施的,要依法及时完善相关手续。委托行政机关要向本级人民政府或者实行垂直管理的上级行政机关备案委托书,司法行政等部门要加强指导、监督。

(十四)提升行政执法合力。逐步完善联合执法机制,复制推广"综合查一次"经验,探索推行多个行政机关同一时间、针对同一执法对象开展联合检查、调查,防止执法扰民。要健全行政处罚协助制度,明确协助的实施主体、时限要求、工作程序等内容。对其他行政机关请求协助、属于自身职权范围内的事项,要积极履行协助职责,不得无故拒绝、拖延;无正当理由拒绝、拖延的,由上级行政机关责令改正,对相关责任人员依法依规予以处理。要综合运用大数据、物联网、云计算、区块链、人工智能等技术,先行推进高频行政处罚事项协助,实现违法线索互联、监管标准互通、处理结果互认。有关地区可积极探索跨区域执法一体化合作的制度机制,建立健全行政处罚预警通报机制,完善管辖、调查、执行等方面的制度机制,为全国提供可复制推广的经验。

六、加强对实施行政处罚的监督

(十五)强化行政执法监督。要加快建设省市县乡四级全覆盖的行政执法协调监督工作体系,创新监督方式,强化全方位、全流程监督，提升行政执法质量。要完善执法人员资格管理、执法行为动态监测、行政处罚案卷评查、重大问题调查督办、责任追究等制度机制，更新行政处罚文书格式文本，完善办案信息系统，加大对行政处罚的层级监督力度，切实整治有案不立、有案不移、久查不结、过罚不当、怠于执行等顽瘴痼疾，发现问题及时整改；对行政处罚实施过程中出现的同类问题，及时研究规范。要完善评议考核、统计分析制度，不得以处罚数量、罚没数额等指标作为主要考核依据。要综合评估行政处罚对维护经济社会秩序，保护公民、法人或者其他组织合法权益，提高政府管理效能的作用，探索建立行政处罚绩效评估制度。各级人民政府要不断加强行政执法协调监督队伍建设，确保力量配备、工作条件、能力水平与工作任务相适应。

各地区、各部门要把贯彻实施好新修订的行政处罚法作为当前和今后一段时期加快建设法治政府的重要抓手，切实加强和改进相关行政立法，规范行政执法，强化行政执法监督，不断提高依法行政的能力和水平。要梳理总结贯彻实施行政处罚法的经验做法，及时将重要情况和问题报送司法部。司法部要加强统筹协调监督，指导各地区、各部门抓好贯彻实施工作，组织开展行政处罚法贯彻实施情况检查，重大情况及时报国务院。此前发布的国务院文件有关规定与本通知不一致的，以本通知为准。

国务院办公厅关于印发“十四五”冷链物流发展规划的通知

（2021 年 11 月 26 日　国办发〔2021〕46 号）

《“十四五”冷链物流发展规划》已经国务院同意，现印发给你们，请认真贯彻执行。

“十四五”冷链物流发展规划

冷链物流是利用温控、保鲜等技术工艺和冷库、冷藏车、冷藏箱等设施设备，确保冷链产品在初加工、储存、运输、流通加工、销售、配送等全过程始终处于规定温度环境下的专业物流。推动冷链物流高质量发展，是减少农产品产后损失和食品流通浪费，扩大高品质市场供给，更好满足人民日益增长美好生活需要的重要手段；是支撑农业规模化产业化发展，促进农业转型和农民增收，助力乡村振兴的重要基础；是满足城乡居民个性化、品质化、差异化消费需求，推动消费升级和培育新增长点，深入实施扩大内需战略和促进形成强大国内市场的重要途径；是健全“从农田到餐桌、从枝头到舌尖”的生鲜农产品质量安全体系，提高医药产品物流全过程品质管控能力，支撑实施食品安全战略和建设健康中国的重要保障。按照党中央、国务院决策部署，根据《中华人民共和国国民经济和社会发展第十四个五年规划和 2035 年远景目标纲要》，制定本规划。

一、现状形势

近年来，我国肉类、水果、蔬菜、水产品、乳品、速冻食品以及疫苗、生物制剂、药品等冷链产品市场需求快速增长，营商环境持续改善，推动冷链物流较快发展，但仍面临不少突出瓶颈和痛点难点卡点问题，难以有效满足市场需求。我国进入新发展阶段，人民群众对高品质消费品和市场主体对高质量物流服务的需求快速增长，新冠肺炎疫情防控常态化对冷链物流提出新的更高要求，冷链物流发展面临新的机遇和挑战。

（一）发展基础。

行业规模显著扩大。近年来，我国冷链物流市场规模快速增长，国家骨干冷链物流基地、产地销地冷链设施建设稳步推进，冷链装备水平显著提升。2020 年,冷链物流市场规模超过 3800 亿元,冷库库容近 1.8 亿立方米,冷藏车保有量约 28.7 万辆,分别是"十二五"期末的 2.4 倍、2 倍和 2.6 倍左右。

发展质量不断提升。初步形成产地与销地衔接、运输与仓配一体、物流与产业融合的冷链物流服务体系。冷链物流设施服务功能不断拓展,全链条温控、全流程追溯能力持续提升。冷链甩挂运输、多式联运加快发展。冷链物流口岸通关效率大幅提高,国际冷链物流组织能力显著增强。

创新步伐明显加快。数字化、标准化、绿色化冷链物流设施装备研发应用加快推进,新型保鲜制冷、节能环保等技术加速应用。冷链物流追溯监管平台功能持续完善。冷链快递、冷链共同配送、"生鲜电商+冷链宅配"、"中央厨房+食材冷链配送"等新业态新模式日益普及,冷链物流跨界融合、集成创新能力显著提升。

市场主体不断壮大。冷链物流企业加速成长,网络化发展趋势明显,行业发展生态不断完善。市场集中度日益提高,冷链仓储、运输、配送、装备制造等领域形成一批龙头企业,不断延伸采购、分销、信息等供应链服务功能,资源整合能力和市场竞争力显著提升。

基础作用日益凸显。冷链物流衔接生产消费、服务社会民生、保障消费安全能力不断增强,在调节农产品跨季节供需、稳定市场供应、平抑价格波动、减少流通损耗中发挥了重要作用。特别是在抗击新冠肺炎疫情中,冷链物流对保障疫苗等医药产品运输、储存、配送全过程安全作出重要贡献。

但同时,我国冷链物流发展不平衡不充分问题突出,跨季节、跨区域调节农产品供需的能力不足,农产品产后损失和食品流通浪费较多,与发达国家相比还有较大差距。从政策环境看,缺少统筹规划,东中西部、南北方和城乡间冷链物流基础设施分布不均,存在结构性失衡矛盾;冷链物流企业用地难、融资难、车辆通行难问题较为突出;冷链物流监管制度不全、有效监管不足,全链条监管体系有待完善。从行业链条看,产地预冷、冷藏和配套分拣加工等设施建设滞后；冷链运输设施设备和作业专业化水平有待提升，新能源冷藏车发展相对滞后；大中城市冷链物流体系不健全，传统农产品批发市场冷链设施短板突出。从运行体系看，缺少集约化、规模化运作的冷链物流枢纽设施，存量资源整合和综合利用率不高，行业运行网络化、组织化程度不够，覆盖全国的骨干冷链物流网络尚未形成，与"通道+枢纽+网络"的现代物流运行体系融合不足。从发展基础看，冷链物流企业专业化、规模化、网络化发展程度不高，国际竞争力不强；信息化、自动化技术应用不够广泛；冷链物流标准体系有待完善，强制性标准少，推荐性标准多，标准间衔接不够紧密，部分领域标准缺失，标准统筹协调和实施力度有待加强；冷链专业人才培养不足，制约行业发展。

（二）面临形势。

产业升级和扩大内需开拓冷链物流发展新空间。我国已转向高质量发展阶段，产业加快迈向全球价值链中高端，现代农业、食品工业、医药产业、服务业全面升级，对高品质、精细化、个性化的冷链物流服务需求日益增长。"十四五"时期随着城乡居民消费结构不断升级，超大规模市场潜力将加速释放，为冷链物流提高供给水平、适配新型消费、加快规模扩张奠定坚实基础，创造广阔空间。

冷链产品安全和疫情防控强化冷链物流新要求。冷链产品安全关系人民群众身体健康和生命安全。当前，我国冷链物流"断链"、"伪冷链"等问题突出，与此相关的产品质量安全隐患较多，特别是新冠肺炎疫情发生以来，冷链物流承担着保障疫苗安全配送和食品稳定供应的艰巨任务，要求提高冷链物流专业服务和应急处置能力，规范市场运行秩序，完善全程追溯体系，更好满足城乡居民消费安全需要。

科技创新和数字转型激发冷链物流发展新动力。伴随新一轮科技革命和产业变革，大数据、物联网、第五代移动通信（5G）、云计算等新技术快速推广，有效赋能冷链物流各领域、各环节，加快设施装备数字化转型和智慧化升级步伐，提高信息实时采集、动态监测效率，为实现冷链物流全链条温度可控、过程可视、源头可溯，提升仓储、运输、配送等环节一体化运作和精准管控能力提供了有力支撑，有效促进冷链物流业态模式创新和行业治理能力现代化。

实行高水平对外开放创造冷链物流发展新机遇。坚持实施更大范围、更宽领域、更深层次对外开放，特别是深入推进共建“一带一路”和推动构建面向全球的高标准自由贸易区网络将进一步优化区域供应链环境，有效发挥我国超大规模市场优势，深化与相关国家贸易往来，扩大食品进出口规模，推动国内国际冷链物流标准接轨，借鉴推广先进冷链物流技术和管理经验，促进冷链物流高质量发展。

碳达峰碳中和对冷链物流低碳化发展提出新任务。冷链物流仓储、运输等环节能耗水平较高，在实现碳达峰、碳中和目标背景下，面临规模扩张和碳排放控制的突出矛盾，迫切需要优化用能结构，加强绿色节能设施设备、技术工艺研发和推广应用，推动包装减量化和循环使用，提高运行组织效率和集约化发展水平，加快减排降耗和低碳转型步伐，推进冷链物流运输结构调整，实现健康可持续发展。

二、总体要求

（一）指导思想。

以习近平新时代中国特色社会主义思想为指导，深入贯彻党的十九大和十九届二中、三中、四中、五中、六中全会精神，增强“四个意识”、坚定“四个自信”、做到“两个维护”，立足新发展阶段，完整、准确、全面贯彻新发展理念，以推动高质量发展为主题，以深化供给侧结构性改革为主线，以改革创新为根本动力，以满足人民日益增长的美好生活需要为根本目的，统筹发展和安全，结合我国国情和冷链产品生产、流通、消费实际，聚焦制约冷链物流发展的突出瓶颈和痛点难点卡点，补齐基础设施短板，畅通通道运行网络，提升技术装备水平，健全监管保障机制，加快建立畅通高效、安全绿色、智慧便捷、保障有力的现代冷链物流体系，提高冷链物流服务质量效率，有效减少农产品产后损失和食品流通浪费，扩大高品质市场供给，保障食品和医药产品安全，改善城乡居民生活质量，为构建以国内大循环为主体、国内国际双循环相互促进的新发展格局提供有力支撑。

（二）基本原则。

市场驱动，政府引导。充分发挥市场在资源配置中的决定性作用，强化企业的市场主体地位，激发市场竞争活力；更好发挥政府作用，到位不缺位，有为不越位，在规范行业运行秩序、营造良好营商环境等方面重点发力。引导资金、人才、技术等要素更多向冷链物流基础薄弱环节配置，集中力量补短板、强弱项，夯实行业发展基础。

统筹推进，分类指导。坚持系统观念，加强前瞻性思考、全局性谋划、战略性布局、整体性推进，统筹冷链物流运行、服务、监管、支撑体系建设，优化冷链物流设施布局与运行网络结构。针对产运销各主要环节、冷链产品重点品类冷链物流运作特点，因势利导，精准施策，系统推动不同地区、不同品类冷链物流高质量发展。

创新引领，提质增效。坚持创新发展，注重科技赋能，促进各类创新要素向企业集聚，着力推动冷链物流系统优化与集成创新，激发内生发展动力。推进冷链物流技术工艺、业态模式、经营管理、监管方式创新，提高服务品质和价值创造能力，提升行业运行效率和发展效能。

区域协同，联动融合。统筹东中西部、南北方和城乡协调发展，密切农产品优势产区和大中消费市场联系，促进城市群、都市圈冷链物流资源优化整合和一体化运作。加强冷链物流与现代农业、冷链产品加工、商贸流通等产业融合发展，有效扩大中高端冷链物流服务供给，支撑带动相关产业做大做强做优。

绿色智慧，安全可靠。顺应绿色生产生活方式发展趋势和推进碳达峰、碳中和需要，把绿色发展理念贯穿到冷链物流全链条、各领域，以数字化转型整体驱动冷链物流运行管理和治理方式变革，提升行业绿色智慧发展水平。坚守安全底线，压实各方责任，强化行业监管，加强冷链风险预警防控机制和应急处置能力建设，提高冷链产品安全保障水平。

（三）发展目标。

到2025年，初步形成衔接产地销地、覆盖城市乡村、联通国内国际的冷链物流网络，基本建成符合我国国情和产业结构特点、适应经济社会发展需要的冷链物流体系，调节农产品跨季节供需、支撑冷链产品跨区域流通的能力和效率显著提高，对国民经济和社会发展的支撑保障作用显著增强。

——*基础设施更加完善*。依托农产品优势产区、重要集散地和主销区，布局建设100个左右国家骨干冷链物流基地；围绕服务农产品产地集散、优化冷链产品销地网络，建设一批产销冷链集配中心；聚焦产地"最先一公里"和城市"最后一公里"，补齐两端冷链物流设施短板，基本建成以国家骨干冷链物流基地为核心、产销冷链集配中心和两端冷链物流设施为支撑的三级冷链物流节点设施网络，支撑冷链物流深度融入"通道+枢纽+网络"现代物流运行体系，与国家物流网络实现协同建设、融合发展。

——*发展质量显著提高*。冷链物流规模化组织效率大幅提升，成本水平显著降低。精细化、多元化、品质化冷链物流服务能力显著增强，形成一批具有较强国际竞争力的综合性龙头企业。冷链物流技术装备水平显著提升，冷库、冷藏车总量保持合理稳定增长，区域分布更加优化、功能类型更加完善。冷链物流标准化、智慧化、绿色化水平明显提高。冷链物流温度达标率全面提高，国家骨干冷链物流基地冷库设施温度达标率达到国际一流水平。肉类、果蔬、水产品产地低温处理率分别达到85%、30%、85%，农产品产后损失和食品流通浪费显著减少。

——*监管水平明显提升*。冷链物流监管法律法规进一步完善，"政府监管、企业自管、行业自律、社会监督"的监管机制基本建立，贯穿冷链物流全流程的监测监管体系初步形成。冷藏车、冷藏箱、重点冷链产品全程监控基本实现全覆盖。医药产品冷链追溯体系进一步完善，广覆盖、高效率、低成本、安全可靠的医药产品冷链物流网络基本形成。

展望2035年，全面建成现代冷链物流体系，设施网络、技术装备、服务质量达到世界先进水平，行业监管和治理能力基本实现现代化，有力支撑现代化经济体系建设，有效满足人民日益增长的美好生活需要。

三、现代冷链物流体系总体布局

（一）打造“321”冷链物流运行体系。

完善国家骨干冷链物流基地布局，加强产销冷链集配中心建设，补齐两端冷链物流设施短板，夯实冷链物流运行体系基础，加快形成高效衔接的三级冷链物流节点；依托国家综合立体交通网，结合冷链产品国内国际流向流量，构建服务国内产销、国际进出口的两大冷链物流系统；推进干支线物流和两端配送协同运作，建设设施集约、运输高效、服务优质、安全可靠的国内国际一体化冷链物流网络。“三级节点、两大系统、一体化网络”融合联动，形成“321”冷链物流运行体系。

专栏1　三级冷链物流节点建设工程

国家骨干冷链物流基地建设工程。综合考虑冷链产品生产、流通、消费空间格局，稳步推进国家骨干冷链物流基地建设，加强与国家物流枢纽联动对接，串联整合存量冷链物流设施资源，加强功能性设施建设，突出产业引领、产地服务、城市服务、中转集散、生产加工、口岸贸易等需求特点，打造冷链物流集群。引导国家骨干冷链物流基地间、国家骨干冷链物流基地与产销冷链集配中心间加强功能与业务对接，支撑构建冷链物流骨干通道。

产销冷链集配中心建设工程。建设一批集集货、预冷、分选、加工、冷藏、发货、检测、收储、信息等功能于一体的产地冷链集配中心，提高农产品产后集散和商品化处理效率。建设一批集仓储、分拣、包装、配送、半成品加工等功能于一体的销地冷链集配中心，完善销地城市冷链物流系统，提高区域分拨配送效率。

两端冷链物流设施补短板工程。聚焦农产品产地“最先一公里”冷链物流设施短板，结合实际需要在田间地头建设一批具备保鲜、预冷等功能的小型、移动仓储设施。面向城市“最后一公里”消费需求，引导农贸市场、商超、便利店、药店、生鲜电商、快递企业等完善城市末端冷链物流设施。

(二)构建冷链物流骨干通道。

结合我国冷链产品流通和进出口主方向,串接京津冀、长三角、珠三角、成渝、长江中游等城市群与西北、西南、东南沿海、中部、华东、华北、东北等农产品主产区,建设北部、鲁陕藏、长江、南部等“四横”冷链物流大通道,以及西部、二广、京鄂闽、东部沿海等“四纵”冷链物流大通道,形成内外联通的“四横四纵”国家冷链物流骨干通道网络(见附件),发挥通道沿线国家骨干冷链物流基地、产销冷链集配中心基础支撑作用,提升相关口岸国内外冷链通道衔接和组织能力。提高国家骨干冷链物流基地间供应链协同运行水平,推动基地间冷链物流规模化、通道化、网络化运行。引导冷链物流要素和上下游产业沿通道集聚发展,加强设施联动、信息联通、标准衔接,推动形成冷链物流产业走廊。

(三)健全冷链物流服务体系。

聚焦“6+1”重点品类(肉类、水果、蔬菜、水产品、乳品、速冻食品等主要生鲜食品以及疫苗等医药产品),分类优化冷链服务流程与规范,提升专业化冷链物流服务能力。完善仓储、运输、流通加工、分拨配送、寄递、信息等冷链服务功能,强化一体化服务能力,打造运转顺畅的供应链,支撑冷链产品产销精准高效对接。丰富数字化、智慧化技术应用场景,深化冷链物流与相关产业融合发展,推动冷链物流业态、模式、组织与技术创新,提升协同化、平台化服务水平,拓展上下游产业价值空间。

(四)完善冷链物流监管体系。

加快建设全国性冷链物流追溯监管平台,完善全链条监管机制,针对冷链物流环境、主要作业环节、设施设备管理等重点,规范实时监测、及时处置、评估反馈等监管过程,逐步分类实现全程可视可控、可溯源、可追查。创新监管手段,加大现代信息技术和设施设备应用力度,强化现场和非现场监管方式有机结合。借鉴新冠肺炎疫情防控期间进口冷链食品检验检测检疫经验做法,优化完善工作机制,建立科学、可靠、高效的冷链物流检验检测检疫体系。

（五）强化冷链物流支撑体系。

推动第三方冷链物流企业专业化发展、规模化经营和数字化转型，着力培育具有较强国际竞争力的龙头企业。加大冷链物流关键技术和先进装备研发力度，鼓励节能环保技术应用。推动建立冷链物流统计评价体系，准确掌握冷链物流基础要素底数，及时客观反映行业发展情况。完善冷链物流标准体系，强化国内国际标准对接。加大复合型冷链物流专业人才培养力度，壮大多层次冷链物流人才队伍。

四、夯实农产品产地冷链物流基础

（一）完善产地冷链物流设施布局。

完善冷链源头基点网络。适应不同农产品冷链物流要求，引导家庭农场、农民合作社、农村集体经济组织等在重点镇和中心村，结合实际需要分区分片合理集中建设产地冷藏保鲜设施。发展产地冷链物流设施设备租赁等社会化服务，探索发展共享式“田头小站”等移动冷库，提高产地源头冷链物流设施综合利用效率。

建设产地冷链集配中心。结合新型城镇化建设，依托县城、重点镇布局建设一批产地冷链集配中心，改善产地公共冷库设施条件，强化产地预冷、仓储保鲜、分级分拣、初加工、产地直销等能力，提高农产品商品化处理水平，减少产后损失，实现优质优价。服务本地消费市场，拓展产地冷链集配中心中转集散、分拨配送功能，优化完善县乡村冷链物流服务。

（二）构建产地冷链物流服务网络。

优化农产品田头集货组织。鼓励各类农业经营主体和冷链物流企业加强合作，提高“最先一公里”冷链物流服务能力，满足源头基点网络储运需求。培育一批产地移动冷库和冷藏车社会化服务主体，发展设施巡回租赁、“移动冷库+集配中心（物流园区）”等模式，构建产地移动冷链物流设施运营网络，提高从田间地头向产地冷藏保鲜设施、移动冷库等的集货效率，缩短农产品采后进入冷链物流环节的时间。

提高农产品出村进城效率。引导专业冷链物流企业适应农产品产地多点布局和小批量、多批次运输需求特点，开展从冷链源头基点到冷链集配中心、国家骨干冷链物流基地的干支衔接运输组织，构建稳定、高效、低成本运行的农产品出村进城冷链物流网络。鼓励电商、快递企业利用既有物流网络，整合产地冷链物流资源，拓展农产品出村进城冷链物流服务渠道，提高网络利用效率。

（三）创新产地冷链物流组织模式。

促进农产品产地直供发展。加强产地到销地直达冷链物流服务能力建设，支撑农产品流通模式创新，推动新型农业经营主体发展农超对接、农批对接、农企对接、农社对接等农产品流通模式。鼓励产地冷链集配中心开展净菜、半成品加工，为餐饮企业、学校、机关团体等终端大客户提供直供直配服务。

助力打造产地农产品品牌。围绕特色农产品优势产区，拓展产地冷链集配中心、国家骨干冷链物流基地的交易展示、安全检测、溯源查询、统仓统配等功能，增强农产品品控能力，完善绿色食品、有机农产品、地理标志农产品等认证配套，着力打造特色鲜明、品质一流的农产品品牌。

专栏 2　农产品产地冷链物流设施补短板工程
产地保鲜设施建设工程。支持各类农业生产经营主体和企业结合实际需要，在农产品主产区和特色农产品优势产区建设田头小型冷藏保鲜设施，健全农产品主产区村级物流（寄递）服务点、农村电商服务站点、益农信息社配套冷链物流设施。 移动冷库推广应用工程。研究制定移动冷库建设标准。选择部分农产品主产区开展试点示范，推广一批适应产地需求、通用性强、标准化程度高的移动冷库。

五、提高冷链运输服务质量

（一）强化冷链运输一体化运作。

推动干线运输规模化发展。充分发挥国家骨干冷链物流基地等大型冷链物流设施资源集聚优势，开展规模化冷链物流干线运输，提高冷链物流去程回程均衡发展水平。大力发展公路冷链专线、铁路冷链班列等干线运输模式，进一步提高铁路、水运、航空在中长距离冷链物流干线运输中的比重。规范平台型企业发展，提高冷链物流信息共享水平，集聚整合货源、运力、仓储等冷链资源，提高冷链物流干线运输组织化、规模化水平。

促进干线支线有机衔接。完善国家骨干冷链物流基地等的集疏运体系，发展中转换装、区域分拨，推动冷链物流干线运输与区域分拨配送业务高效协同。以产销冷链集配中心为支撑，高效衔接国家骨干冷链物流基地和两端冷链物流设施，构建干支线运输和两端集配一体化运作的区域冷链物流服务网络。鼓励物流企业延伸业务链条，强化综合服务能力，提供"干线运输+区域分拨+城市配送"冷链物流服务。

（二）推动冷链运输设施设备升级。

提高冷藏车发展水平。严格冷藏车市场准入条件，加大标准化车型推广力度，统一车辆等级标识、配置要求，推动在车辆出厂前安装符合标准要求的温度监测设备等，加快形成适应干线运输、支线转运、城市配送等不同需求的冷藏车车型和规格体系。研究制定标准化冷藏车配置方案，引导和规范不同容积车辆选型。有计划、分步骤淘汰非标准化冷藏车。加强冷藏车生产、改装监管，严厉打击非法改装。加快推进轻型、微型新能源冷藏车和冷藏箱研发制造，积极推广新型冷藏车、铁路冷藏车、冷藏集装箱。

促进运输载器具单元化。鼓励批发、零售、电商等企业将标准化托盘、周转箱（筐）作为采购订货、收验货的计量单元，引导冷链运输企业使用标准化托盘、周转箱（筐）、笼车等运载单元以及蓄冷箱、保温箱等单元化冷链载器具，提高带板运输比例。加强标准化冷链载器具循环共用体系建设，完善载器具租赁、维修、保养、调度等公共运营服务。鼓励企业研发应用适合果蔬等农产品的单元化包装，推动冷链运输全程"不倒托"、"不倒箱"，减少流通环节损耗。

（三）发展冷链多式联运。

完善冷链多式联运设施。鼓励国家骨干冷链物流基地等完善吊装、平移等换装转运专用设施设备，加强自动化、专业化、智慧化冷链多式联运设施建设。因地制宜增强国家物流枢纽、综合货运枢纽冷链物流服务功能，推进港口、铁路场站冷藏集装箱堆场建设和升级改造，配套完善充电桩等设施设备。

优化冷链多式联运组织。培育冷链多式联运经营人，统筹公路、铁路、水运、航空等多种运输方式和邮政快递，开展全程冷链运输组织，积极发展全程冷链集装箱运输。依托具备条件的国家骨干冷链物流基地等开展中长距离铁路冷链运输，串接主要冷链产品产地和销地，发展集装箱公铁水联运。依托主要航空枢纽、港口，加强冷链卡车航班、专线网络建设，提高多式联运一体化组织能力。大力发展冷链甩挂运输，鼓励企业建立“冷藏挂车池”，有机融入公路甩挂运输体系，完善冷藏车和冷链设施设备共享共用机制，提高冷链甩挂运输网络化发展水平。鼓励现有多式联运公共信息平台集聚整合运输企业、中介等的冷链物流相关信息，拓展完善冷链物流服务功能，提高货源、运力、仓储等冷链资源供需匹配效率。

增强冷链国际联运能力。提升中欧班列冷链物流服务水平，强化多式联运组织能力，畅通亚欧陆路冷链物流通道。依托中国—东盟多式联运联盟基地，拓展西部陆海新通道海铁联运、国际铁路联运、跨境公路班车国际冷链物流业务。鼓励具备实力的企业布局建设冷链海外仓，提升跨境冷链物流全程组织能力。大力发展面向高端生鲜食品、医药产品的航空冷链物流，提高公空、空空联运效率。鼓励主要农产品进出口口岸城市积极发展国际冷链物流多式联运，打造一批国际冷链物流门户枢纽。

专栏3　冷链运输提质增效降本工程
冷链干线运输规模提升工程。在具备条件的国家骨干冷链物流基地间试点开行小编组直达冷链班列和公路冷链专线。在高附加值特色农产品集中上市季节，开通连接优势产区与主要消费市场的冷链航空货运临时加班绿色通道和铁路冷链快运。

续表

专栏3　冷链运输提质增效降本工程
冷链物流多式联运示范工程。以西部陆海新通道海铁联运班列等为重点，在冷链物流领域积极探索建设多式联运示范工程，打造精品联运线路，开展品牌化运营，加强不同运输方式规则、单据对接，探索应用“一单制”。 冷链标准化载器具推广应用工程。依托国家骨干冷链物流基地、产销冷链集配中心等，围绕产地集货、干线运输、城市配送等冷链物流重点环节，扩大标准化托盘、周转箱（筐）、周转袋、冷藏集装箱等应用范围。依托各类物流标准化冷链载器具循环共用平台，引导冷链物流、设备生产、设备租赁等企业加强协作，提高标准化冷链载器具共享利用水平。

六、完善销地冷链物流网络

（一）加快城市冷链物流设施建设。

推进销地冷链集配中心建设。在消费规模和物流中转规模较大的城市新建和改扩建一批销地冷链集配中心，集成整合流通加工、区域分拨、城市配送等功能。在符合规划的前提下，研究利用绕城高速公路沿线可开发地块等建设“近城而不进城”的销地冷链集配中心，提高冷链干线与支线衔接效率。密切销地冷链集配中心与存量冷链设施业务联系，引导冷库等设施向销地冷链集配中心集中，推进城市冷链设施布局优化。

加快商贸冷链设施改造升级。推动农产品批发市场冷库改造，配套建设封闭式装卸站台等设施，完善流通加工、分拨配送、质量安全控制等功能。鼓励商超、生鲜连锁店加大零售端冷链设施改造升级力度，提高冷链物流服务能力。引导城市商业街区、商圈、农贸市场共建共享小型公共冷库。淘汰关停不合规不合法冷库。

完善末端冷链设施功能。加大城市冷链前置仓等“最后一公里”设施建设力度。鼓励移动冷库、智慧冷链自动售卖机、冷链自提柜等在城市末端配送领域广泛应用。推动末端冷链配送服务站点建设改造，完善新能源冷藏车充电设施布局，扩大城市冷链网络覆盖范围。

(二)健全销地冷链分拨配送体系。

强化区域分拨功能。扩大国家骨干冷链物流基地分拨服务范围，重点完善面向区域内销地冷链集配中心、冷链配送网点的区域分拨服务网络，以及销地冷链集配中心面向大型商超、农贸市场等的分拨服务网络。推动城市群、都市圈销地冷链集配中心共用共营，构建高效分拨服务圈。

提升末端配送效能。鼓励销地冷链集配中心、中央厨房等整合“最后一公里”配送资源，面向商超、生鲜连锁店、酒店餐饮、学校、机关团体等开展农产品集中采购、流通加工、多温共配。鼓励城市群、都市圈建立统一规划、统一平台、统一标准、统一管理的同城化冷链配送体系，补齐停靠接卸设施短板，加强城市通行政策协同，便利冷藏车装卸通行。

(三)创新面向消费的冷链物流模式。

培育冷链物流配送新方式。依托国家骨干冷链物流基地和销地冷链集配中心搭建城市冷链智慧公共配送平台，整合冷链运力资源，动态优化城市配送路径，提升城市冷链配送效率。鼓励物流企业规模化集并城市冷链和常温货物配送，加大多温区配送车、蓄冷保温箱和保温柜等推广应用力度，推动多种形式多温共配发展。积极推广“分时段配送”、“无接触配送”、“夜间配送”，发展与新消费方式融合的冷链配送新业态、新模式。鼓励物业服务企业开展冷链末端配送业务。深化城乡冷链配送网络协同发展，共享共用末端设施网点和配送冷藏车，提高存量网络资源利用率。

鼓励发展生鲜农产品新零售。支持快递企业加强冷链物流服务能力建设，支持农产品流通企业、连锁商业、电商企业等拓展生鲜农产品销售渠道，扩大辐射范围和消费规模。加强城市冷链即时配送体系建设，支持生鲜零售、餐饮、体验式消费融合创新发展，满足城市居民个性化、品质化消费需求。

专栏4　销地冷链物流提升工程
城市冷链物流设施升级工程。支持农产品批发市场老旧冷库改造升级，使用环境友好型制冷剂，降低能耗水平，减少温室气体排放，鼓励建设公共冷库、净菜加工车间等设施。支持国家骨干冷链物流基地和销地冷链集配中心建设流通型冷库、中央厨房等设施。 城市冷链末端配送提效工程。引导冷链物流企业建立城市群、都市圈共同配送联盟，组建冷链运输车队，搭建公共配送平台，开展多温共配，培育一批冷链配送品牌。鼓励冷链物流企业以人口规模较大和密度较高的大型社区为重点，与商超、社区菜店等合作开展“一周配”、“一周多配”、“一日一配”、“一日多配”等定时冷链配送服务，实现冷链到家。

七、优化冷链物流全品类服务

（一）肉类冷链物流。

加快建立冷鲜肉物流体系。顺应畜禽屠宰加工向养殖集中区域转移需要，适应消费升级新趋势，加快构建“集中屠宰、品牌经营、冷链流通、冷鲜上市”的肉类供应链体系。完善规模屠宰、预冷排酸、低温分割、保鲜包装、冷链储运链条，加强全程温控和监管追溯。鼓励冷鲜肉生产、流通企业对接农贸市场、连锁超市、社区生鲜店铺、生鲜电商等流通渠道，拓展直营零售网点，健全冷鲜肉生产、流通和配送体系，提高冷鲜肉在肉类消费中的比重。促进肉类冷链物流与上下游深度融合创新，推动发展“牧场+超市”、“养殖基地+肉制品精深加工+超市”等新模式。

升级肉类冷链物流设施。加强生猪、肉羊、肉牛、肉禽优势产区冷链物流设施建设，构建畜禽主产区和主销区有效对接的冷链物流基础设施网络。鼓励屠宰企业建设标准化预冷和低温分割加工车间、配套冷库等设施。支持肉类公共冷库改扩建、智慧化改造及配套设施建设。适应减少畜禽活体跨区域运输要求，积极推广应用挂肉冷藏车等专用设施设备。

（二）果蔬冷链物流。

完善果蔬冷链物流设施设备配套条件。结合我国果蔬优势产区分布以及南菜北运、西果东输、果蔬进出口等流向特征，因地制宜建设经济适用、节能环保、绿色高效的仓储保鲜设施，延长销售周期，提高反季节销售水平。加强配套冷链设施建设，推动构建反季节蔬菜、高原夏菜、热带水果等从优势产区到主销区的全流程果蔬冷链物流体系。推广移动冷库、预冷设施应用，合理配套布局插电装置，加强移动冷链设施设备与产地冷链集配中心高效联动，合理设置田头停车、换装场地，完善果蔬“最先一公里”冷链配套设施。支持适合果蔬特点的可循环利用包装、载器具以及零售末端保鲜柜等设备使用。

提升农产品产地商品化处理水平。新建或改造产地预冷设施，配备果蔬清洗、分级、分拣、切割、包装等设施设备。鼓励广泛使用冷链设施开展果蔬保鲜，大幅减少保鲜药物使用。推进商品化包装与冷链包装一体化，完善脱水干制、称量包装、检验检测、低损输送、质量管控等配套功能，提高果蔬产地商品化处理能力，减少流通损耗。

（三）水产品冷链物流。

强化水产品产地保鲜加工设施建设。完善鱼塘、渔船、渔港预冷保鲜设施装备，建设速冻、冷藏、低温暂养等配套设施。推动建设一批冷藏加工一体化的水产品产地冷链集配中心，引导水产品就近加工。完善覆盖养殖捕捞、到岸装卸、加工包装、仓储运输、质量管控等环节的冷链物流设施装备，支持冷链全链条无缝对接和安全温控数据共享。

健全支撑水产品消费的冷链物流体系。加强水产品产地销地冷链物流对接，加快提升销地冷链分拨配送能力，推动沿海、重要江河流域等优势产区构建辐射全国的冷链物流网络。鼓励活鱼纯氧高密度冷链等鲜活水产品冷链配送技术创新，适应和满足持续扩大的高品质水产品消费需求。完善水产品进口相关冷链配套设施，提高进口水产品冷链物流服务与快速检验检测检疫能力。支持口岸机场建设具有国际货运、冷链仓储、报关、检验检测检疫等功能的水产品航空货运冷链物流服务通道。

（四）乳品冷链物流。

推进奶业主产区冷链物流设施建设。重点支持东北、华北、中原、西北等奶业主产区冷链物流设施建设。鼓励规模化奶业企业升级冷链物流设备，支持牧场、奶农合作社、养殖小区、生鲜乳收购站等建设生乳冷却设施，配备生乳专用恒温运输槽车，提高生乳冷却、储存、运输一体化运作效率和温度质量管控水平。

加强低温液态奶冷链配送体系建设。发挥龙头乳品企业以及电商、连锁超市等流通渠道作用，完善从生产厂商至消费者的低温液态奶全程冷链物流系统，规范销售终端温度控制管理。推动传统奶站改造升级，加强服务社区的低温液态奶宅配仓建设，推广新型末端配送冷藏车等设施设备，发展网格化、高频率配送到家服务，提高低温液态奶末端配送时效性。

（五）速冻食品冷链物流。

推动冷链物流与速冻食品产业联动发展。在吉林、黑龙江、河南、山东等速冻食品生产大省，引导速冻食品产业集聚区、龙头生产企业对接国家骨干冷链物流基地和产销冷链集配中心，打通原材料采购、产品销售的全流程冷链服务链条，促进速冻食品产业规模化、集约化发展。构建速冻食品冷链过程质量快速检测体系，完善冷链物流服务追溯体系。

提升冷链物流对速冻食品消费保障能力。顺应城市快节奏生活方式和城乡居民对速冻食品日益增长的消费需求，加强冷链物流服务保障，提升末端配送服务品质，支撑速冻食品流通渠道由线下为主向线上线下多渠道拓展。适应连锁餐饮、团餐等标准化、流程化经营要求，依托产销冷链集配中心、中央厨房等设施，加快发展速冻类标准食材、食材半成品供应链，提高品控能力。

（六）医药产品冷链物流。

完善医药产品冷链物流设施网络。鼓励医药流通企业、药品现代物流企业建设医药物流中心，完善医药冷库网络化布局及配套冷链设施设备功能，提升医药产品冷链全程无缝衔接的信息化管理水平。推动医药流通企业按《药品经营质量管理规范》要求配备冷藏冷冻设施设备,支持疾控中心、医院、乡镇卫生院(室)等医疗网点提高医药产品冷链物流和使用环节的质量保障水平。加强医药物流中心与冷链末端的无缝衔接,鼓励发展多温共配、接力配送等模式,探索发展超低温配送,构建广覆盖、高效率、低成本、安全可靠的医药产品冷链物流网络。

提升医药产品冷链物流应急保障水平。研究将医药产品冷链物流纳入国家应急物资保障平台,整合行业医药冷库、车辆、标准化载器具等资源,健全应急联动服务及统一调度机制,提高医药产品冷链应急保障能力。完善全国统一的医药产品冷链物流特别管理机制,保障紧急状态下疫苗及其他医药产品冷链运输畅通和物流过程质量安全。

专栏5　医药产品冷链物流提质工程
医药产品冷链物流集配中心建设工程。依托医药物流中心建设集约化医药产品冷链物流集配中心,集聚疫苗、生物制剂等医药产品生产企业、药品现代物流企业等冷链物流资源,整合疾控中心、医院、血站、药店等的冷链物流需求,提升医药产品冷链物流供需精准对接水平和规模化发展能力。 医药产品冷链物流追溯体系建设工程。加强疫苗、生物制剂等医药产品生产企业、医药产品批发零售企业、药品现代物流企业、医药物流中心及疾控中心、医院、乡镇卫生院(室)冷链物流追溯管理系统建设和应用,配套完善设施设备。规范医药产品生产、运输、分销、终端使用各环节温湿度等监控信息上传管理,加强部门协同,建立健全医药产品冷链物流追溯体系。

八、推进冷链物流全流程创新

(一)加快数字化发展步伐。

推进冷链设施数字化改造。推动冷链物流全流程、全要素数字化,鼓励冷链物流企业加大温度传感器、温度记录仪、无线射频识别(RFID)电子标签及自动识别终端、监控设备、电子围栏等设备的安装与应用力度,推动冷链货物、场站设施、载运装备等要素数据化、信息化、可视化,实现对到货检验、入库、出库、调拨、移库移位、库存盘点等各作业环节数据自动化采集与传输。构建全国性、多层级数字冷链仓库网络。开展数字化冷库试点工作，推动形成一批可复制可推广的经验。

完善专业冷链物流信息平台。支持国家骨干冷链物流基地建设运营主体搭建专业冷链物流信息平台，广泛集成区域冷链货源、运力、库存等市场信息，通过数字化方式强化信息采集、交互服务功能，为冷链干线运输、分拨配送、仓储服务、冷藏加工等业务一体化运作提供平台组织支撑。鼓励商会协会、骨干企业等搭建市场化运作的冷链物流信息交易平台，整合市场供需信息，提供冷链车货匹配、仓货匹配等信息撮合服务，提高物流资源配置效率。推动专业冷链物流信息平台间数据互联共享，打通各类平台间数据交换渠道，更大范围提高冷链物流信息对接效率。

（二）提高智能化发展水平。

推动冷链基础设施智慧化升级。围绕国家骨干冷链物流基地、产销冷链集配中心等建设，加快停车、调度、装卸、保鲜催熟、质量管控等设施设备智慧化改造升级。鼓励企业加快传统冷库等设施智慧化改造升级，推广自动立体货架、智能分拣、物流机器人、温度监控等设备应用，打造自动化无人冷链仓。

加强冷链智能技术装备应用。推动大数据、物联网、5G、区块链、人工智能等技术在冷链物流领域广泛应用。鼓励冷链物流企业加快运输装备更新换代，加强车载智能温控、监控技术装备应用。推动冷库“上云用数赋智”，加强冷链智慧仓储管理、运输调度管理等信息系统开发应用，优化冷链运输配送路径，提高冷库、冷藏车利用效率。推动自动消杀、蓄冷周转箱、末端冷链无人配送装备等研发应用。

（三）加速绿色化发展进程。

提高冷链物流设施节能水平。鼓励企业对在用冷库以及冻结间、速冻装备、冷却设备等低温加工装备设施开展节能改造，推广合同能源管理、节能诊断等模式。研究制定冷库、冷藏车等能效标准，完善绿色冷链物流技术装备认证及标识体系，逐步淘汰老旧高能耗冷库和制冷设施设备。支持国家骨干冷链物流基地、产销冷链集配中心等加强公共充电桩、加气站建设。新建冷库等设施严格执行国家节能标准要求，鼓励利用自然冷能、太阳能等清洁能源。提高冷库、冷藏车等的保温材料保温和阻燃性能。

加大绿色冷链装备研发应用。研究制定绿色冷链技术及节能设施设备推广目录，鼓励使用绿色、安全、节能、环保冷藏车及配套装备设施。加快淘汰高排放冷藏车，适应城市绿色配送发展需要，鼓励新增或更新的冷藏车采用新能源车型。研发应用符合冷链物流特点的蓄冷周转箱、保温包装、保温罩等。研究加强冷链物流全流程、全生命周期碳排放管理，加强低温加工、冷冻冷藏、冷藏销售等环节绿色冷链装备研究应用，鼓励使用绿色低碳高效制冷剂和保温耗材，提高制冷设备规范安装操作和检修水平，最大限度减少制冷剂泄漏，推动制冷剂、保温耗材等回收和无害化处理。

专栏6　冷链物流创新低碳发展工程
冷链物流数字化发展工程。支持具备条件的物流企业开展数字化改造建设试点，推进数字化技术装备应用、数字化管理模式创新、数字化网络协同。建立深度感知智能仓储系统，实现冷库存、取、管全程智慧化，提高作业效率和仓储管理水平。
冷链物流设施绿色改造工程。支持冷链物流企业、农产品批发市场、生产加工企业等对冷库、中央厨房、低温车间等建筑物围护结构、制冷系统、照明设备等实施节能改造，支持具备条件的建筑物屋顶安装太阳能光伏发电设施，推动新型节电、节水设施设备应用。
新能源城市配送冷藏车更新工程。结合城市绿色货运配送示范工程，完善城市配送车辆选型指南，加强城市配送冷藏车车型、安全、环保等方面技术管理，健全完善相关配套设施，大力推广应用新能源冷藏车。

（四）提升技术装备创新水平。

加强冷链物流技术基础研究和装备研发。聚焦冷链物流相关领域关键和共性技术问题，部署国家级技术攻关，加强冷链产品品质劣变腐损的生物学原理及其与物流环境之间耦合效应、高品质低温加工、高效节能与可再生能源利用、环保制冷剂及安全应用、冷链安全消杀等基础性研究，夯实冷链物流发展基础。在“十四五”国家重点研发计划中支持冷链物流相关技术研发,从源头提升我国冷链技术装备现代化水平。

完善冷链技术创新应用机制。强化企业创新主体地位,打造以企业为主体、市场为导向、产学研用深度融合的冷链物流技术装备创新应用体系。支持企业与高等院校、科研机构、行业协会等共建冷链技术装备创新应用平台,结合市场需求,聚焦果蔬预冷、速冻、冷冻冷藏、冷藏运输与宅配、冷链信息化智慧化等应用场景,集中优势力量,开展冷链装备研发和产业化应用。

专栏7　冷链物流设备更新工程
引导国家骨干冷链物流基地、产销冷链集配中心等优先推广应用新型分级预冷装置、大容量冷却冷冻机械。鼓励冷链物流企业使用节能环保多温区冷藏车,推广新型保鲜减震包装材料、多温区陈列销售设备,提高冷链物流技术装备现代化水平。

(五)打造消费品双向冷链物流新通道。

畅通高品质农产品上行通道。在现有农产品出村进城通道基础上,适应现代农业规模化、产业化发展趋势,发挥冷链物流对高品质农产品生产、流通、减损的支撑保障作用,按照“一村一品”、“一县一品”、“多品聚集”,发展“平台企业+农业基地”、“生鲜电商+产地直发”等新业态新模式,推动形成产销密切衔接、成本低、效率高的农产品出村进城新通道,促进冷链惠农、品牌兴农、特色富农。

完善高品质生鲜消费品下行通道。结合新型城镇化建设,促进消费品下乡进村通道升级,推动冷链物流服务网络向中小城镇和具备条件的农村地区下沉,加快推进“快递进村”工程,鼓励供销、邮政快递、交通运输、电商等企业共建共用冷链物流设施,打通高品质生鲜消费品下乡进村新通道,扩大生鲜等高品质消费品供给。

推动城乡冷链网络双向融合。鼓励大型生鲜电商、连锁商超等企业统筹建设城乡一体冷链物流网络,加大对中小城镇和农村冷链物流设施建设投入力度，加强城乡冷链设施对接，打造“上行下行一张网”，提高设施利用效率，促进城乡冷链物流双向均衡发展。建立城乡冷链网络协同机制，提高资源共享与优化配置效率。

专栏 8　供销系统农产品冷链物流体系建设工程
聚焦农产品优势产区，依托供销系统县域城乡融合综合服务平台，按照“1 个中心+N 个田头保鲜仓”模式，建设 600 个县域产地冷链物流中心，建设 200 个以中央厨房、生鲜电商等业务为重点的城市销地冷链物流中心，全面对接国家骨干冷链物流基地、产销冷链集配中心等，建立供销系统公共农产品冷链物流服务网络。

（六）构建产业融合发展新生态。

培育冷链物流产业生态。以国家骨干冷链物流基地、产销冷链集配中心为核心，吸引商贸流通、农产品加工产业集聚发展，深化产业链上下游联动整合，强化农产品全产业链组织功能，打造冷链物流与产业融合发展生态圈。推进冷链物流计量测试中心建设。优化“冷链物流+”产业培育和发展环境，创新“冷链物流+种养殖”、“冷链物流+农产品加工”、“冷链物流+新零售”等新生态、新场景。

构建生鲜食品供应链生态。鼓励龙头冷链物流企业、生鲜食品商贸流通企业加强战略合作，推动业务领域相互渗透，对接上游生产和终端消费，为客户提供集中采购、流通加工、共同配送全链条一站式服务。推动企业利用大数据发掘消费潜力、赋能上游生产，开展精准营销和个性化供应链服务，辅助生鲜食品生产加工企业和农产品生产主体合理安排计划、精准组织生产，推动生产、流通和冷链物流企业在融合发展中同步升级、同步增值、同步受益。

九、强化冷链物流全方位支撑

（一）培育骨干企业。

支持冷链物流企业做大做强。积极培育发展第三方冷链物流企业，开展品牌创建工作，打造一批知名冷链物流服务品牌。鼓励冷链物流企业通过兼并重组、战略合作等方式优化整合资源，拓展服务网络，培育龙头冷链物流企业，提升市场集中度。鼓励大型生产、流通企业整合开放内部冷链物流资源，开展社会化服务。依法合规推动冷链物流平台企业发展，扩大冷链资源要素组织规模和范围，提升冷链物流组织化、规模化运营能力。

促进冷链物流企业网络化专业化发展。支持企业构建干支仓配一体的冷链物流服务网络，扩大业务覆盖范围，提升运行效率。鼓励大型综合物流企业发挥网络运营优势，对标国际先进水平，提升冷藏运输、冷藏保鲜、冷冻储存等基础服务专业化水准。围绕冷链细分领域、特定场景培育专业化冷链物流企业，提高精益化管理、精细化服务能力，满足不同冷链产品个性化、多元化冷链物流需求。

提升冷链物流企业国际竞争力。推动龙头冷链物流企业深度参与全球冷链产品生产和贸易组织，强化境内外冷链物流、采购分销等网络协同，延伸跨境电商、交易结算等服务，提升国际供应链管理能力和国际竞争力。鼓励冷链物流企业与贸易企业等协同"出海"，围绕全球肉类、水果、水产品等优势产区，积极布局境外冷链物流设施，依托远洋海运、国际铁路联运班列、国际货运航空等开展国际冷链物流运作，构建国内外衔接的物流通道网络，提升冷链物流企业国际化发展水平。

专栏9　骨干冷链物流企业培育工程
研究制定支持冷链物流企业发展的政策措施，支持符合条件的大型冷链物流企业开展国内国际资源整合、全链条冷链物流运作，培育一批具有较强国际竞争力的冷链物流企业集团。围绕冷链运输、仓储、配送等主要环节，以及肉类、水产品、乳品、医药产品等细分领域，培育一批专业化运作能力强的领军企业。鼓励冷链产品生产、流通和物流企业跨界融合，创新业态模式，优化供应链，延伸产业链，提升价值链，培育一批特色鲜明、创新发展的标杆企业。

（二）健全标准体系。

加强冷链物流标准制修订。加强冷链基础通用标准和冷链基础设施、技术装备、作业流程、信息追溯等重点环节以及冷链物流绿色化、智慧化等重点领域标准制修订，加快填补标准空白。制定一批强制性国家标准，守好冷链产品安全底线。加强冷链物流推荐性国家标准、行业标准推陈出新，支持地方因地制宜制定符合发展需要的地方标准，鼓励高起点制定团体标准和企业标准。积极参与冷链物流国际标准化活动，推动国内国际标准接轨。

加强标准评估和执行力度。系统梳理现行冷链物流标准体系，加强评估和复审，及时修订或废止不适应经济社会发展需要、行业发展要求、技术进步趋势的标准，推动解决标准不统一、不衔接等问题。严格落实冷链物流强制性国家标准，强化推荐性国家标准、行业标准支撑与引导作用。充分发挥有关标准化技术委员会、行业协会、龙头企业作用，加强冷链物流标准宣贯，推动协同应用，提高推荐性标准采用水平。开展冷链物流标准监督检查和实施效果评价，充分发挥标准支撑冷链物流高质量发展作用。

专栏 10　冷链物流标准体系建设工程
研究建立冷链物流标准制修订工作机制，加强部门协调和政企沟通，2022 年底前完成现行冷链物流国家标准、行业标准、地方标准集中梳理工作，提出废止或制修订建议。结合标准梳理工作，在冷链物流设施、装备、载器具、标识、流程、管理与服务等领域，补充完善一批企业和行业急需的标准，形成全链条有机衔接的冷链物流标准体系。

（三）完善统计体系。

加强行业统计监测。开展冷链物流行业调查，全面掌握市场规模、行业结构、人员设施设备等情况。研究建立冷链物流行业统计制度，科学制定统计分类标准和指标体系，根据实际需要开展冷链物流统计试点。探索开展冷链物流行业普查调查。依托国家骨干冷链物流基地、产销冷链集配中心、龙头冷链物流企业、冷链物流平台企业等，加强行业日常运行监测和分析研判。研究编制冷链物流发展综合性指数，科学、及时、全面反映行业发展现状和趋势，为政府部门政策制定和企业经营管理提供参考。

（四）加强人才培养。

完善专业人才培养体系。支持有条件的普通本科院校和职业院校开设冷链物流相关专业或课程，重点培养冷链产品供应链管理、冷链物流系统规划、冷链物流技术和企业运营等方面的专业人才。鼓励高等院校深入对接行业需求，以应用为导向发展冷链物流继续教育。完善政产学研用结合的多层次冷链物流人才培养体系。开展多层次、宽领域国际交流合作，培养具有全球视野和国际供应链运作经验的高层次冷链物流人才。

健全专业技能培养培训模式。鼓励职业院校加强与冷链物流相关企业、行业协会合作，通过实训基地、订单班、新型学徒制培养、顶岗实习及建立产业学院等方式，强化冷链物流人才实践能力及创新创业能力培养。鼓励高等院校、行业协会分级分类开设冷链物流培训课程，促进从业人员知识更新与技能提升。

十、加强冷链物流全链条监管

（一）健全监管制度。

加强法律制度建设。完善冷链物流监管法律法规，从准入要求、技术条件、设施设备、经营行为、人员管理、监督执法等方面明确各类市场主体权利、义务及相关管理部门职责要求，确保冷链物流各领域、各环节有法可依、有法必依。按照食品安全法、药品管理法、疫苗管理法等相关法律法规要求，细化配套规章和规范性文件，落实冷链物流全链条保温、冷藏或冷冻设施设备使用和运行要求。

健全政府监管机制。建立统一领导、分工负责、分级管理的冷链物流监管机制，发挥政府监管的主体作用，进一步明确各有关部门监管职责，强化跨部门沟通协调，加大督促检查力度，确保各项监管制度严格执行到位。推动冷链产品检验检测检疫在生产、流通、消费全过程及跨区域信息互通、监管互认、执法互助。完善主管部门行政监管制度，分品类建立完善日常巡查、专项检查、飞行检查、重点检查、专家审查等相结合的检查制度，依法规范冷链物流各类市场主体经营活动。严格执行农产品、食品入市查验溯源凭证制度，不得收储无合法来源的农产品、食品。

（二）创新行业监管手段。

推进冷链物流智慧监管。引导企业按照规范化、标准化要求配备冷藏车定位跟踪以及全程温度自动监测、记录设备，在冷库、冷藏集装箱等设施中安装温湿度传感器、记录仪等监测设备，完善冷链物流温湿度监测和定位管控系统。研究建立冷链道路运输电子运单管理制度。加强冷链物流食品品质监测、仓储运输过程温湿度智能感知、卫星定位技术的应用，形成冷链物流智慧监测追溯系统，实现各环节数据实时监控和动态更新。加快区块链技术在冷链物流智慧监测追溯系统建设中的应用，提高追溯信息的真实性、及时性和可信度。逐步完善冷链追溯、运输监管等重要领域信息资源体系，基本掌握食品药品生产经营企业、冷库企业、运输企业、食用农产品批发市场、商场超市、生鲜电商等市场主体及资源底数。推动海关、市场监管、交通运输等跨部门协同监管和数据融合，依托全国进口冷链食品追溯监管平台形成全链条追溯体系，提升冷链监管效能。

建立以信用为基础的新型监管机制。发挥行业协会、第三方征信机构和各类信息平台作用，完善冷链物流企业服务评价体系。以冷链食品追溯为突破，形成以责任主体为核心的追溯闭环，对跨部门、跨地域的全链条追溯数据进行大数据分析，为信用评价提供数据支撑。依托全国信用信息共享平台，加强冷链物流企业信用信息归集和共享，通过“信用中国”网站和国家企业信用信息公示系统依法向社会公开。加大公共信用综合评价、行业信用评价、市场化信用评价结果应用力度，推广信用承诺制，推进以信用风险为导向的分级分类监管，依法依规实施联合惩戒。

强化冷链物流社会监督。发挥社会媒体舆论监督作用，加大对冷链物流领域违规违法典型案件的曝光力度，强化警示作用。支持行业协会建立行业自律规范，引导企业共同打造和维护诚信合规的市场环境，推动行业规范有序发展。畅通消费者投诉举报渠道，建立举报人奖励机制，引导和鼓励群众参与冷链物流监督，营造社会共治氛围。

专栏 11　全国冷链食品追溯监管体系建设工程
依托现有全国进口冷链食品追溯管理平台,逐步将内贸冷链食品流通纳入追溯管理范围,同步完善地方进口冷链食品追溯管理平台功能,推动国家级、省级平台以及各类市场化平台间数据交换和信息共享,到 2025 年建成覆盖冷链产品重点品类、流通全链条、内外贸一体化的全国冷链食品追溯管理平台,形成各有关部门业务联动、协同处置和共治共享的冷链物流监管体系,实现多层次、多系统、跨区域冷链物流追溯闭环。

（三）强化检验检测检疫。

健全检验检测检疫体系。适应不同农产品检验检测检疫要求,完善覆盖从种养殖、加工到销售终端全链条以及冷链物流包装、运载工具、作业环境等全要素的检验检测检疫体系。加强检验检测检疫设施建设和设备配置,完善应急检验检测检疫预案,实行闭环式疫情防控管理,防范非洲猪瘟、新冠肺炎、禽流感等疫情扩散风险,提高重大公共卫生事件等应急处置能力。

提升检验检测检疫能力。围绕主要农产品产销区、集散地、口岸等,优化检验检测检疫站点布局,提高装备配备水平,增强冷链检验检测检疫能力。依托各地食品安全重点实验室,加强国家级、地区级食品安全专业技术机构冷链物流检验检测检疫能力建设。严格检验机构资质认定管理、跟踪评价和能力验证,强化冷链检验检测检疫专业技能培训。深化国际技术交流合作。

优化检验检测检疫流程。围绕农产品进出口,优化提升口岸/属地检查、检疫处理、实验室检验等流程,鼓励企业提前申报,依托国际贸易"单一窗口",推行检疫处理、检测结果无纸化传递。按照分类监管原则,针对不同监管对象和产品特点,优化放行模式,提高查验效率。支持农产品批发市场、冷链物流企业、屠宰加工企业等建设快检实验室,提升就近快速检测水平。推动各地冷链产品检验检测检疫信息共享、结果互认。

筑牢疫情外防输入防线。完善口岸城市防控措施,建立多点触发的监测预警机制，严格执行高风险岗位人员核酸检测等规定，切实做到闭环管理。针对冷链等可能引发的输入性疫情，排查入境、仓储、加工、运输、销售等环节，建立健全进口冻品集中监管制度，压实行业主管部门责任，健全进口冷链食品检验检疫制度，加强检验检疫结果、货物来源去向等关键数据共享，做到批批检测、件件消杀，全程可追溯、全链条监管，堵住疫情防控漏洞。

专栏12　进口冷链食品预防性消毒优化工程
按照"安全、有效、快速、经济"原则开展口岸查验、交通运输、陶箱入库、批发零售等环节预防性全面消毒工作，推进全流程闭环管控可追溯，优化口岸冷链资源配置，依据冷链物流特点，在进口冷链食品首次与我境内人员接触前实施预防性全面消毒处理，加强部门协同配合，全力保障口岸通关效率，对进口冷链食品装载运输工具和包装原则上只进行一次预防性全面消毒，避免重复消毒，避免专为消毒作业实施掏箱、装箱，避免增加不必要的作业环节和成本，避免货物积压滞港影响物流和市场供应。推动冷链物流自动消杀设施设备、冷链安全消毒剂等研发和应用，创新消毒方式方法，优化消毒流程，提高消杀效率，保证受检进口冷链食品品质。

十一、实施保障

（一）加强组织协调。

国家发展改革委要会同有关部门建立冷链物流发展协调推进工作机制，统筹推进重点工程落地，完善支撑政策，强化评估督导，协调解决跨部门、跨区域问题，保障规划有序实施。各省级人民政府要按照本规划确定的主要目标和重点任务，结合发展实际，统筹制定本地区冷链物流发展规划或实施方案。规划实施中涉及的重要政策、重大工程、重点项目要按程序报批。重大问题及时向国务院报告。

（二）强化政策支持。

通过现有资金支持渠道，加强国家骨干冷链物流基地、产销冷链集配中心等大型冷链物流设施建设。物流企业冷库仓储用地符合条件的，按规定享受城镇土地使用税优惠政策。拓展冷链物流企业投融资渠道，鼓励银行业金融机构等对符合条件的冷链物流企业加大融资支持力度，完善配套金融服务。在严格落实永久基本农田、生态保护红线、城镇开发边界三条控制线基础上,大中城市要统筹做好冷链物流设施布局建设与国土空间等相关规划衔接,保障合理用地需求。严格落实鲜活农产品运输“绿色通道”政策。落实农村建设的保鲜仓储设施用电价格支持政策,鼓励各地因地制宜出台支持城市配送冷藏车便利通行的政策。

(三)优化营商环境。

各地区、各有关部门要按照“放管服”改革要求,在确保行业有序发展、市场规范运行基础上,深化体制机制改革,简化涉企事项审批流程,进一步简并资质证照,全面推广资质证照电子化,完善便利服务。在冷链物流领域探索推行“一照多址”,支持冷链物流企业网络化发展。

(四)发挥协会作用。

鼓励冷链物流相关行业协会发挥桥梁纽带作用,开展冷链物流发展调查研究和政策宣贯,及时向有关政府部门反馈行业发展共性问题。支持行业协会统筹冷链物流不同领域、不同环节市场主体需求,开展业务技能培训,提高行业发展质量。鼓励行业协会深入开展冷链物流行业自律建设,倡导诚信规范经营,树立良好行业风气。

(五)营造舆论环境。

加强冷链物流理念宣传和冷链知识科普教育,提高公众认知度、认可度,培养良好消费习惯和健康生活方式。提高冷链企业和从业人员产品质量安全意识,严格遵守冷链物流相关法律法规和操作规范,筑牢冷链产品质量安全防线。宣传推介一批冷链物流企业诚信经营、优质服务典型案例,营造行业发展良好环境。

附件:“四横四纵”国家冷链物流骨干通道网络布局示意图(略)

附：

一、2021 年 11 月份报国务院备案并予以登记的地方性法规、自治条例、单行条例和地方政府规章目录

地方性法规

法规名称	公布日期	备案登记编号
北京市人民代表大会常务委员会关于废止部分地方性法规的决定	2021 年 9 月 24 日	国司备字［2021004919］
北京市接诉即办工作条例	2021 年 9 月 24 日	国司备字［2021004920］
北京市无障碍环境建设条例	2021 年 9 月 24 日	国司备字［2021004921］
北京市保守国家秘密条例	2021 年 4 月 16 日	国司备字［2021005009］
北京市地方金融监督管理条例	2021 年 4 月 16 日	国司备字［2021005010］
北京市生态涵养区生态保护和绿色发展条例	2021 年 4 月 16 日	国司备字［2021005011］
北京市人民代表大会常务委员会关于废止《北京市农业承包合同条例》《北京市农村集体所有荒山荒滩租赁条例》的决定	2021 年 3 月 12 日	国司备字［2021005086］
北京市人民代表大会常务委员会关于修改部分地方性法规的决定	2021 年 3 月 12 日	国司备字［2021005119］
天津市促进智能制造发展条例	2021 年 9 月 27 日	国司备字［2021005078］
天津市石油天然气管道保护条例	2021 年 9 月 27 日	国司备字［2021005079］

续表

法规名称	公布日期	备案登记编号
天津市中医药条例	2021年9月27日	国司备字［2021005080］
天津市碳达峰碳中和促进条例	2021年9月27日	国司备字［2021005081］
天津市乡村振兴促进条例	2021年9月27日	国司备字［2021005082］
天津市消防条例	2021年9月27日	国司备字［2021005083］
河北省人民代表大会常务委员会关于废止《河北省民办教育条例》等三部法规的决定	2021年9月29日	国司备字［2021005050］
河北省人民代表大会常务委员会关于加强国有资产管理情况监督的决定	2021年9月29日	国司备字［2021005051］
河北省公安机关警务辅助人员管理条例	2021年9月29日	国司备字［2021005052］
塞罕坝森林草原防火条例	2021年9月29日	国司备字［2021005053］
保定市养犬管理条例	2021年10月12日	国司备字［2021005054］
保定市白石山景区管理条例	2021年10月12日	国司备字［2021005055］
秦皇岛市海岸线保护条例	2021年9月30日	国司备字［2021005058］
秦皇岛市电力设施保护条例	2021年9月30日	国司备字［2021005059］
衡水市文物保护条例	2021年10月19日	国司备字［2021005060］
山西省知识产权保护工作条例	2021年5月28日	国司备字［2021004852］
山西省全民阅读促进条例	2021年5月28日	国司备字［2021004853］

续表

法规名称	公布日期	备案登记编号
山西省不设区的市和市辖区人民代表大会常务委员会街道工作委员会工作条例	2021 年 5 月 28 日	国司备字［2021004854］
山西省各级人民代表大会常务委员会规范性文件备案审查条例	2021 年 5 月 28 日	国司备字［2021004855］
山西省动物防疫条例	2021 年 7 月 29 日	国司备字［2021004953］
山西省禁止不可降解一次性塑料制品规定	2021 年 7 月 29 日	国司备字［2021004954］
山西省人民代表大会常务委员会关于废止《山西省万家寨引黄工程保护条例》等五部地方性法规的决定	2021 年 7 月 29 日	国司备字［2021004955］
大同市禁牧休牧条例	2021 年 8 月 2 日	国司备字［2021004956］
大同市人民代表大会常务委员会关于废止《大同市建筑工程质量管理条例》的决定	2021 年 8 月 2 日	国司备字［2021004957］
大同市人民代表大会常务委员会关于废止《大同市城市房地产交易管理条例》的决定	2021 年 8 月 2 日	国司备字［2021004958］
大同市人民代表大会常务委员会关于废止《大同市经济技术开发区条例》的决定	2021 年 8 月 2 日	国司备字［2021004959］
忻州市静乐汾河川国家湿地公园保护条例	2021 年 8 月 9 日	国司备字［2021004960］
忻州市乡村人居环境治理促进条例	2021 年 8 月 9 日	国司备字［2021004961］
吕梁市古树名木保护条例	2021 年 8 月 4 日	国司备字［2021004962］
内蒙古自治区草畜平衡和禁牧休牧条例	2021 年 7 月 29 日	国司备字［2021004944］
内蒙古自治区地质环境保护条例	2021 年 7 月 29 日	国司备字［2021004945］

续表

法规名称	公布日期	备案登记编号
内蒙古自治区人民代表大会常务委员会关于修改《内蒙古自治区旗县级人民代表大会议事规则》的决定	2021年7月29日	国司备字[2021004946]
呼和浩特市湿地保护条例	2021年8月23日	国司备字[2021004947]
呼和浩特市人民代表大会常务委员会关于废止部分地方性法规的决定	2021年8月24日	国司备字[2021004948]
呼和浩特市人民代表大会常务委员会关于修改部分地方性法规的决定	2021年8月24日	国司备字[2021004949]
乌兰察布市城市园林绿化条例	2021年8月18日	国司备字[2021004951]
鄂尔多斯市民营经济促进条例	2021年10月15日	国司备字[2021005085]
巴彦淖尔市人民代表大会常务委员会关于修改《巴彦淖尔市集中式饮用水水源保护条例》的决定	2021年8月19日	国司备字[2021004950]
鄂伦春自治旗第十五届人民代表大会第五次会议关于废止《鄂伦春自治旗森林防火条例》《鄂伦春自治旗流动人口管理条例》和《鄂伦春自治旗环境保护条例》的决定	2021年8月19日	国司备字[2021004952]
沈阳市控制吸烟条例	2021年8月30日	国司备字[2021004893]
大连市水土保持条例	2021年8月4日	国司备字[2021004964]
鞍山市人民代表大会常务委员会关于废止《鞍山市统计监督检查条例》等四件地方性法规的决定	2021年8月5日	国司备字[2021004966]
营口市人民代表大会常务委员会关于修改《营口市物业管理条例》的决定	2021年8月4日	国司备字[2021004967]
宽甸满族自治县浑江流域水环境保护条例	2021年8月31日	国司备字[2021004894]

续表

法规名称	公布日期	备案登记编号
宽甸满族自治县旅游条例(修订)	2021 年 8 月 31 日	国司备字[2021004895]
吉林省物业管理条例	2021 年 5 月 27 日	国司备字[2021005108]
吉林省河道管理条例	2021 年 5 月 27 日	国司备字[2021005109]
吉林省铁路安全管理条例	2021 年 5 月 27 日	国司备字[2021005110]
吉林省人民代表大会常务委员会关于修改《吉林省黑土地保护条例》的决定	2021 年 5 月 27 日	国司备字[2021005111]
吉林省人民代表大会常务委员会关于修改《吉林省农作物种子条例》等 3 部地方性法规的决定	2021 年 5 月 27 日	国司备字[2021005112]
吉林省人民代表大会常务委员会关于修改《吉林省县乡两级人民代表大会选举实施细则》的决定	2021 年 5 月 27 日	国司备字[2021005113]
长春市学前教育条例	2021 年 6 月 3 日	国司备字[2021005114]
长春市养犬管理条例	2021 年 6 月 2 日	国司备字[2021005115]
黑龙江省女职工劳动保护条例	2021 年 8 月 23 日	国司备字[2021005116]
黑龙江省预算审查监督条例	2021 年 8 月 23 日	国司备字[2021005117]
黑龙江省邮政条例	2021 年 8 月 23 日	国司备字[2021005118]
哈尔滨市民营企业促进条例	2021 年 8 月 25 日	国司备字[2021004916]
哈尔滨市寒冷季节室外劳动保护规定	2021 年 8 月 25 日	国司备字[2021004917]

续表

法规名称	公布日期	备案登记编号
牡丹江市文明行为促进条例	2021 年 8 月 23 日	国司备字[2021004918]
佳木斯市文明行为促进条例	2021 年 8 月 23 日	国司备字[2021005106]
伊春市文明行为促进条例	2021 年 8 月 23 日	国司备字[2021005107]
江苏省人民代表大会常务委员会关于修改《江苏省公路条例》的决定	2021 年 5 月 27 日	国司备字[2021004863]
江苏省人民代表大会常务委员会关于修改《江苏省老年人权益保障条例》等九件地方性法规的决定	2021 年 5 月 27 日	国司备字[2021004864]
江苏省人民代表大会常务委员会关于废止《江苏省新型农村合作医疗条例》等四件地方性法规的决定	2021 年 5 月 27 日	国司备字[2021004865]
江苏省中小企业促进条例	2021 年 9 月 29 日	国司备字[2021005012]
江苏省红十字会条例	2021 年 9 月 29 日	国司备字[2021005013]
江苏省人民代表大会常务委员会关于加强地震预警管理的决定	2021 年 9 月 29 日	国司备字[2021005014]
江苏省人民代表大会常务委员会关于修改《江苏省河道管理条例》等二十九件地方性法规的决定	2021 年 9 月 29 日	国司备字[2021005016]
江苏省人民代表大会常务委员会关于废止《江苏省音像市场管理条例》等九件地方性法规的决定	2021 年 9 月 29 日	国司备字[2021005019]
江苏省人民代表大会常务委员会关于修改《江苏省人口与计划生育条例》的决定	2021 年 9 月 29 日	国司备字[2021005020]
南京市红色文化资源保护利用条例	2021 年 6 月 10 日	国司备字[2021004866]

续表

法规名称	公布日期	备案登记编号
南京市人民代表大会常务委员会关于进一步做好新冠肺炎疫情防控工作的决定	2021年10月8日	国司备字［2021005021］
南京市电梯安全条例	2021年9月30日	国司备字［2021005022］
苏州市太湖生态岛条例	2021年6月4日	国司备字［2021004867］
苏州市电梯安全条例	2021年10月9日	国司备字［2021005023］
无锡市水环境保护条例	2021年6月4日	国司备字［2021004915］
无锡市房屋安全管理条例	2021年10月9日	国司备字［2021005024］
无锡市人民代表大会常务委员会关于修改《无锡市物业管理条例》的决定	2021年10月9日	国司备字［2021005025］
无锡市人民代表大会常务委员会关于修改《无锡市供水条例》的决定	2021年10月9日	国司备字［2021005026］
徐州市住宅物业管理条例	2021年10月8日	国司备字［2021005027］
南通市质量促进条例	2021年6月7日	国司备字［2021004869］
盐城市人民代表大会常务委员会关于修改《盐城市城乡规划条例》的决定	2021年6月9日	国司备字［2021004870］
盐城市淮剧保护条例	2021年10月13日	国司备字［2021005028］
扬州市居家养老服务条例	2021年6月8日	国司备字［2021004871］
镇江市扬尘污染防治条例	2021年6月4日	国司备字［2021004872］
泰州市河长制工作条例	2021年10月11日	国司备字［2021005029］

续表

法规名称	公布日期	备案登记编号
连云港市农贸市场管理条例	2021 年 6 月 3 日	国司备字［2021004873］
连云港市生活垃圾管理条例	2021 年 10 月 9 日	国司备字［2021005031］
淮安市湿地保护条例	2021 年 6 月 4 日	国司备字［2021004874］
淮安市停车场管理条例	2021 年 10 月 8 日	国司备字［2021005032］
宿迁市人民代表大会常务委员会关于修改《宿迁市住宅物业管理条例》的决定	2021 年 6 月 1 日	国司备字［2021004875］
宿迁市洋河双沟酒产区地下水保护条例	2021 年 10 月 8 日	国司备字［2021005030］
浙江省土地管理条例	2021 年 9 月 30 日	国司备字［2021005127］
浙江省电子商务条例	2021 年 9 月 30 日	国司备字［2021005128］
浙江省快递业促进条例	2021 年 9 月 30 日	国司备字［2021005129］
浙江省中医药条例	2021 年 9 月 30 日	国司备字［2021005130］
浙江省人民代表大会常务委员会关于网络虚假信息治理的决定	2021 年 9 月 30 日	国司备字［2021005131］
浙江省人民代表大会常务委员会关于修改《浙江省促进科技成果转化条例》等七件地方性法规的决定	2021 年 9 月 30 日	国司备字［2021005132］
杭州市物业管理条例	2021 年 8 月 9 日	国司备字［2021004996］
杭州市淳安特别生态功能区条例	2021 年 8 月 9 日	国司备字［2021004997］
宁波市人民代表大会常务委员会关于修改《宁波市宗教活动场所管理办法》的决定	2021 年 8 月 12 日	国司备字［2021004998］

续表

法规名称	公布日期	备案登记编号
宁波市人民代表大会常务委员会关于修改《宁波市机动车维修业管理条例》的决定	2021 年 8 月 17 日	国司备字［2021004999］
宁波市住宅小区物业管理条例	2021 年 10 月 15 日	国司备字［2021005133］
湖州市绿色金融促进条例	2021 年 10 月 14 日	国司备字［2021005134］
衢州市居家养老服务条例	2021 年 10 月 11 日	国司备字［2021005135］
金华市轨道交通运营管理条例	2021 年 8 月 24 日	国司备字［2021005000］
台州市人民代表大会常务委员会关于修改《台州府城墙保护条例》的决定	2021 年 10 月 12 日	国司备字［2021005136］
温州市销售燃放烟花爆竹管理规定	2021 年 10 月 14 日	国司备字［2021005137］
嘉兴市人民代表大会常务委员会关于修改《嘉兴市大运河世界文化遗产保护条例》等三件地方性法规的决定	2021 年 10 月 13 日	国司备字［2021005138］
舟山市居家养老服务促进条例	2021 年 8 月 25 日	国司备字［2021005001］
舟山市人民代表大会常务委员会关于修改《舟山市物业管理条例》的决定	2021 年 11 月 1 日	国司备字［2021005139］
绍兴黄酒保护和发展条例	2021 年 8 月 9 日	国司备字［2021005002］
绍兴市居家养老服务条例	2021 年 10 月 12 日	国司备字［2021005140］
丽水市革命遗址保护条例	2021 年 8 月 5 日	国司备字［2021005003］
安徽创新型省份建设促进条例	2021 年 5 月 31 日	国司备字［2021004901］
安徽省林长制条例	2021 年 5 月 31 日	国司备字［2021004902］

续表

法规名称	公布日期	备案登记编号
安徽省实施《中华人民共和国固体废物污染环境防治法》办法	2021年5月31日	国司备字［2021004903］
安徽省人民代表大会常务委员会关于修改《安徽省各级人民代表大会选举实施细则》的决定	2021年5月31日	国司备字［2021004906］
安徽省无线电管理条例	2021年7月23日	国司备字［2021004932］
安徽省人民代表大会常务委员会关于修改《安徽省特种行业治安管理条例》的决定	2021年7月23日	国司备字［2021004933］
安徽省绿色建筑发展条例	2021年9月29日	国司备字［2021005120］
安徽省各级人民代表大会常务委员会实行规范性文件备案审查的规定	2021年9月29日	国司备字［2021005121］
安徽省实施《中华人民共和国动物防疫法》办法	2021年9月29日	国司备字［2021005122］
安徽省见义勇为人员奖励和保障条例	2021年9月29日	国司备字［2021005123］
合肥市饮用水水源保护条例	2021年6月8日	国司备字［2021004907］
合肥市人民代表大会常务委员会关于修改《合肥市城市节约用水管理条例》的决定	2021年6月8日	国司备字［2021004912］
合肥市科技创新条例	2021年10月11日	国司备字［2021005124］
宿州市非物质文化遗产保护规定	2021年10月20日	国司备字［2021005125］
蚌埠市大遗址保护条例	2021年6月16日	国司备字［2021004913］
阜阳市饮用水水源保护条例	2021年6月10日	国司备字［2021004914］
池州市古建筑保护条例	2021年10月20日	国司备字［2021005070］

续表

法规名称	公布日期	备案登记编号
凤阳明中都城和明皇陵遗址保护条例	2021 年 8 月 12 日	国司备字［2021004934］
铜陵市人民代表大会常务委员会关于修改《铜陵市住宅电梯安全管理条例》的决定	2021 年 10 月 25 日	国司备字［2021005071］
亳州市旅游促进条例	2021 年 10 月 21 日	国司备字［2021005126］
黄山市徽州文书档案保护条例	2021 年 10 月 21 日	国司备字［2021005072］
福建省传统风貌建筑保护条例	2021 年 5 月 28 日	国司备字［2021004839］
福建省志愿服务条例	2021 年 5 月 28 日	国司备字［2021004840］
福建省儿童乘坐机动车使用安全座椅的规定	2021 年 5 月 28 日	国司备字［2021004841］
福建省人民代表大会常务委员会关于修改《福建省食品安全条例》等涉及食品药品安全领域的地方性法规的决定	2021 年 5 月 28 日	国司备字［2021004842］
福州市人民代表大会常务委员会关于废止《福州市城市房屋产权产籍管理办法》的决定	2021 年 6 月 7 日	国司备字［2021004845］
厦门市环境保护条例	2021 年 6 月 2 日	国司备字［2021004868］
漳州市户外广告和招牌设置管理办法	2021 年 6 月 2 日	国司备字［2021004843］
漳州古城保护条例	2021 年 6 月 2 日	国司备字［2021004844］
山东省生活垃圾管理条例	2021 年 9 月 30 日	国司备字［2021005098］
山东省大数据发展促进条例	2021 年 9 月 30 日	国司备字［2021005099］

续表

法规名称	公布日期	备案登记编号
山东省老年教育条例	2021 年 9 月 30 日	国司备字［2021005100］
山东省东平湖保护条例	2021 年 9 月 30 日	国司备字［2021005101］
山东省人民代表大会常务委员会关于加强国有资产管理情况监督的决定	2021 年 9 月 30 日	国司备字［2021005105］
济宁市人民代表大会常务委员会关于修改《济宁市城镇容貌和环境卫生管理条例》的决定	2021 年 9 月 30 日	国司备字［2021005102］
菏泽市养犬管理条例	2021 年 10 月 13 日	国司备字［2021005103］
德州市优化营商环境条例	2021 年 10 月 8 日	国司备字［2021005104］
河南省革命老区振兴发展促进条例	2021 年 7 月 30 日	国司备字［2021004939］
河南省安阳殷墟保护条例	2021 年 7 月 30 日	国司备字［2021004940］
河南省人民代表大会常务委员会关于修改《河南省物业管理条例》《河南省大气污染防治条例》的决定	2021 年 7 月 30 日	国司备字［2021004941］
郑州市物业管理条例	2021 年 9 月 2 日	国司备字［2021005061］
洛阳市公园和广场管理条例	2021 年 8 月 30 日	国司备字［2021005062］
焦作市公园管理条例	2021 年 8 月 25 日	国司备字［2021005065］
平顶山市节约用水条例	2021 年 9 月 6 日	国司备字［2021005066］
开封市河湖保护管理条例	2021 年 9 月 1 日	国司备字［2021005067］

续表

法规名称	公布日期	备案登记编号
漯河市机动车和非道路移动机械排气污染防治条例	2021年9月1日	国司备字［2021005068］
濮阳市公共资源交易管理条例	2021年9月1日	国司备字［2021004942］
商丘市黄河故道湿地保护条例	2021年9月6日	国司备字［2021005069］
信阳市红色资源保护条例	2021年8月30日	国司备字［2021004943］
湖北省节约用水条例	2021年9月29日	国司备字［2021004968］
湖北省人民代表大会常务委员会关于废止《湖北省实施〈中华人民共和国预算法〉办法》的决定	2021年9月29日	国司备字［2021004969］
武汉市控制和查处违法建设条例	2021年9月18日	国司备字［2021005004］
武汉市供水条例	2021年9月19日	国司备字［2021005005］
荆门市文明行为促进条例	2021年10月20日	国司备字［2021005057］
鄂州市长港河保护条例	2021年8月17日	国司备字［2021004922］
孝感市电动自行车管理条例	2021年10月20日	国司备字［2021005056］
黄冈市养老服务促进条例	2021年8月25日	国司备字［2021004892］
湖南省实施《中华人民共和国慈善法》若干规定	2021年9月29日	国司备字［2021005084］
长沙市烟花爆竹安全生产与产业引导条例	2021年8月18日	国司备字［2021004970］
株洲市烟花爆竹安全生产与产业引导条例	2021年8月18日	国司备字［2021004971］

续表

法规名称	公布日期	备案登记编号
广东省各级人民代表大会常务委员会规范性文件备案审查条例	2021 年 7 月 30 日	国司备字［2021004935］
广东省中医药条例	2021 年 7 月 30 日	国司备字［2021004936］
广东省市场监管条例	2021 年 9 月 29 日	国司备字［2021005033］
广东省人民代表大会常务委员会关于废止《深圳经济特区与内地之间人员往来管理规定》等五项地方性法规的决定	2021 年 9 月 29 日	国司备字［2021005034］
广东省人民代表大会常务委员会关于修改《广东省城镇房屋租赁条例》等九项地方性法规的决定	2021 年 9 月 29 日	国司备字［2021005035］
广州市养老服务条例	2021 年 6 月 4 日	国司备字［2021004846］
广州市慈善促进条例	2021 年 6 月 1 日	国司备字［2021004847］
广州市人民代表大会常务委员会关于修改《广州市流溪河流域保护条例》的决定	2021 年 6 月 15 日	国司备字［2021004848］
广州市临空经济区条例	2021 年 10 月 15 日	国司备字［2021005036］
珠海市人民代表大会常务委员会关于修改《珠海经济特区物业管理条例》等三项地方性法规的决定	2021 年 10 月 8 日	国司备字［2021004896］
汕头市专利保护和促进条例	2021 年 10 月 9 日	国司备字［2021005037］
汕头经济特区优化营商环境条例	2021 年 9 月 28 日	国司备字［2021005006］
汕头综合保税区条例	2021 年 9 月 28 日	国司备字［2021005007］
汕头华侨经济文化合作试验区条例	2021 年 9 月 28 日	国司备字［2021005008］

续表

法规名称	公布日期	备案登记编号
汕头高新技术产业开发区条例	2021年11月1日	国司备字［2021005097］
佛山市非户籍人口居住登记条例	2021年6月2日	国司备字［2021004849］
梅州市人民代表大会常务委员会关于修改《梅州市客家围龙屋保护条例》《梅州市城市市容和环境卫生管理条例》等两项地方性法规的决定	2021年10月15日	国司备字［2021005038］
梅州市农村生活垃圾管理条例	2021年10月14日	国司备字［2021005039］
东莞市户外广告设施和招牌设置管理条例	2021年5月31日	国司备字［2021004850］
湛江市人民代表大会常务委员会关于修改《湛江市历史建筑保护条例》的决定	2021年9月30日	国司备字［2021005040］
清远市城市生活垃圾管理条例	2021年6月1日	国司备字［2021004851］
肇庆市农村人居环境治理条例	2021年10月15日	国司备字［2021005041］
茂名市生活垃圾分类管理条例	2021年10月10日	国司备字［2021005042］
汕尾市企业信用促进条例	2021年10月9日	国司备字［2021005043］
汕尾市荣誉市民条例	2021年10月9日	国司备字［2021005044］
连山壮族瑶族自治县人民代表大会常务委员会关于修改《连山壮族瑶族自治县森林资源保护管理条例》的决定	2021年8月1日	国司备字［2021004983］
连南瑶族自治县人民代表大会常务委员会关于修改《连南瑶族自治县森林资源保护管理条例》的决定	2021年8月1日	国司备字［2021004984］

续表

法规名称	公布日期	备案登记编号
广西壮族自治区中医药条例	2021年5月26日	国司备字[2021004878]
广西壮族自治区城市管理综合执法条例	2021年7月28日	国司备字[2021004985]
广西壮族自治区规章设定罚款限额规定	2021年9月28日	国司备字[2021005073]
南宁市人民代表大会常务委员会关于修改《南宁市燃气管理条例》等十六件地方性法规的决定	2021年8月6日	国司备字[2021004995]
南宁市献血条例	2021年10月9日	国司备字[2021005074]
北海市农贸市场管理条例	2021年10月13日	国司备字[2021005075]
防城港市防城江流域水环境保护条例	2021年10月11日	国司备字[2021005076]
来宾市秸秆露天禁烧和综合利用管理条例	2021年10月9日	国司备字[2021005077]
崇左市白头叶猴栖息地保护条例	2021年8月10日	国司备字[2021004986]
海南省各级人民代表大会常务委员会规范性文件备案审查条例	2021年6月1日	国司备字[2021004880]
海南经济特区物业管理条例	2021年6月1日	国司备字[2021004881]
海南自由贸易港国际船舶条例	2021年6月1日	国司备字[2021004884]
海南省未成年人保护和预防犯罪规定	2021年9月30日	国司备字[2021004925]
海南省人民代表大会常务委员会关于将旅行社设立审批等省级管理权限调整由海南自由贸易港重点园区管理机构在重点园区范围内实施的决定	2021年7月27日	国司备字[2021004981]

续表

法规名称	公布日期	备案登记编号
海南自由贸易港反消费欺诈规定	2021 年 9 月 30 日	国司备字［2021005045］
海南自由贸易港公平竞争条例	2021 年 9 月 30 日	国司备字［2021005046］
海南省人民代表大会常务委员会关于修改《海南省生活垃圾管理条例》等六件法规的决定	2021 年 9 月 30 日	国司备字［2021005047］
海南自由贸易港社会信用条例	2021 年 9 月 30 日	国司备字［2021005048］
海南自由贸易港优化营商环境条例	2021 年 9 月 30 日	国司备字［2021005049］
海口市江东新区生态环境保护条例	2021 年 7 月 30 日	国司备字［2021004982］
三亚市乡村民宿促进和管理条例	2021 年 6 月 30 日	国司备字［2021004885］
重庆市人民代表大会常务委员会关于加强国有资产管理情况监督的决定	2021 年 9 月 29 日	国司备字［2021004890］
重庆市实施《中华人民共和国农村土地承包法》办法	2021 年 9 月 29 日	国司备字［2021004891］
四川省红色资源保护传承条例	2021 年 6 月 25 日	国司备字［2021004882］
四川省人民代表大会常务委员会关于加强国有资产管理情况监督的决定	2021 年 6 月 25 日	国司备字［2021004883］
四川省三星堆遗址保护条例	2021 年 7 月 29 日	国司备字［2021004987］
四川省农村集体经济组织条例	2021 年 7 月 29 日	国司备字［2021004988］
成都市大气污染防治条例	2021 年 7 月 30 日	国司备字［2021004990］
成都市科技创新中心建设条例	2021 年 7 月 30 日	国司备字［2021004991］

续表

法规名称	公布日期	备案登记编号
成都市社会急救医疗管理条例	2021 年 7 月 30 日	国司备字［2021004992］
成都市美丽宜居公园城市建设条例	2021 年 7 月 30 日	国司备字［2021004993］
成都市人民代表大会常务委员会关于修改《成都市房屋使用安全管理条例》的决定	2021 年 7 月 30 日	国司备字［2021004994］
云南省孟连傣族拉祜族佤族自治县南垒河流域保护条例	2021 年 7 月 2 日	国司备字［2021004899］
云南省双江拉祜族佤族布朗族傣族自治县古茶树保护条例	2021 年 6 月 30 日	国司备字［2021004900］
玉龙纳西族自治县人民代表大会常务委员会关于停止适用《云南省玉龙纳西族自治县玉龙雪山保护管理条例》有关条款的决定	2021 年 8 月 16 日	国司备字［2021004937］
甘肃省红十字会条例	2021 年 5 月 28 日	国司备字［2021004876］
甘肃省公安机关警务辅助人员管理条例	2021 年 5 月 28 日	国司备字［2021004898］
甘肃省实施《中华人民共和国防洪法》办法	2021 年 9 月 29 日	国司备字［2021005087］
甘肃省测绘管理条例	2021 年 9 月 29 日	国司备字［2021005088］
甘肃炳灵寺石窟保护条例	2021 年 9 月 29 日	国司备字［2021005089］
甘肃省人民代表大会常务委员会关于废止《甘肃省基本农田保护条例》的决定	2021 年 9 月 29 日	国司备字［2021005090］
甘肃省农村生活垃圾管理条例	2021 年 9 月 29 日	国司备字［2021005091］
甘肃省反餐饮浪费条例	2021 年 9 月 29 日	国司备字［2021005092］
甘肃省促进中小企业发展条例	2021 年 9 月 29 日	国司备字［2021005093］

续表

法规名称	公布日期	备案登记编号
甘肃省水路交通管理条例	2021年9月29日	国司备字［2021005094］
庆阳市人民代表大会常务委员会关于修改《庆阳市烟花爆竹燃放管理条例》的决定	2021年9月2日	国司备字［2021004974］
庆阳市禁牧条例	2021年9月2日	国司备字［2021004979］
定西市红色资源保护传承条例	2021年9月30日	国司备字［2021005095］
定西市元明汪氏家族墓地保护条例	2021年9月30日	国司备字［2021005096］
陇南市农村留守儿童关爱保护条例	2021年5月31日	国司备字［2021004879］
甘南藏族自治州公共文化服务促进条例	2021年4月27日	国司备字［2021004877］
甘肃省张家川回族自治县花儿保护传承条例	2021年8月16日	国司备字［2021004978］
甘肃省东乡族自治县市容和环境卫生管理条例	2021年7月28日	国司备字［2021004963］
青海省禁毒条例	2021年5月26日	国司备字［2021004886］
青海省国有土地上房屋征收与补偿条例	2021年5月26日	国司备字［2021004887］
黄南藏族自治州自治条例（修订）	2021年7月30日	国司备字［2021004972］
海南藏族自治州城镇市容和环境卫生管理条例（修订）	2021年6月4日	国司备字［2021004889］
海西蒙古族藏族自治州人民代表大会关于修改《海西蒙古族藏族自治州沙区植物保护条例》和《海西蒙古族藏族自治州卤虫资源保护管理条例》的决定	2021年7月5日	国司备字［2021004897］

续表

法规名称	公布日期	备案登记编号
海西蒙古族藏族自治州人才工作促进条例	2021 年 8 月 4 日	国司备字［2021004973］
大通回族土族自治县义务教育条例(修订)	2021 年 6 月 21 日	国司备字［2021004888］
宁夏回族自治区土壤污染防治条例	2021 年 9 月 24 日	国司备字［2021004926］
宁夏回族自治区见义勇为人员奖励和保护条例	2021 年 9 月 24 日	国司备字［2021004927］
宁夏回族自治区公证条例	2021 年 9 月 24 日	国司备字［2021004928］
银川市市政设施管理条例	2021 年 9 月 26 日	国司备字［2021004929］
银川市人民代表大会常务委员会关于废止《银川市建筑工地公共卫生管理条例》的决定	2021 年 9 月 26 日	国司备字［2021004931］
石嘴山市物业管理条例	2021 年 9 月 26 日	国司备字［2021004930］
新疆维吾尔自治区旅游促进条例	2021 年 5 月 27 日	国司备字［2021004856］
新疆维吾尔自治区实施《中华人民共和国农村土地承包法》办法	2021 年 5 月 27 日	国司备字［2021004857］
新疆维吾尔自治区法治宣传教育条例	2021 年 5 月 27 日	国司备字［2021004858］
新疆维吾尔自治区实施《中华人民共和国测绘法》办法	2021 年 7 月 28 日	国司备字［2021004938］
乌鲁木齐市人民代表大会代表议案处理办法	2021 年 6 月 2 日	国司备字［2021004859］
乌鲁木齐市人民代表大会代表建议、批评、意见办理规则	2021 年 6 月 2 日	国司备字［2021004860］
克拉玛依市区人民代表大会常务委员会街道工作委员会工作条例	2021 年 8 月 13 日	国司备字［2021004980］

续表

法规名称	公布日期	备案登记编号
巴音郭楞蒙古自治州燃气管理条例	2021年6月8日	国司备字［2021004861］
木垒哈萨克自治县鹰嘴豆产业促进条例	2021年6月17日	国司备字［2021004862］

地方政府规章

规章名称	公布日期	备案登记编号
抚顺市人民政府关于修改《抚顺市城市除雪规定》的决定	2021年11月3日	国司备字［2021005017］
长春市人工影响天气管理办法(修订)	2021年10月22日	国司备字［2021004975］
上海市人民政府关于废止《上海市职业介绍管理暂行规定》的决定	2021年8月26日	国司备字［2021004905］
丽水市绿道管理办法	2021年9月28日	国司备字［2021004923］
合肥市优化营商环境若干规定	2021年10月22日	国司备字［2021004908］
铜陵市人民政府关于废止《铜陵市生活垃圾分类管理办法》的决定	2021年10月26日	国司备字［2021004924］
龙岩市生活垃圾分类管理办法	2021年10月25日	国司备字［2021004976］
泰安市人民政府关于修改部分市政府规章的决定	2021年10月8日	国司备字［2021004904］
威海市人民政府关于修改《威海市建筑垃圾管理办法》的决定	2021年10月26日	国司备字［2021005063］
常德市人民政府关于修改《常德市城市绿化管理办法》的决定	2021年10月9日	国司备字［2021004909］

续表

规章名称	公布日期	备案登记编号
广东省人民政府关于废止和修改部分省政府规章的决定	2021 年 9 月 29 日	国司备字［2021005018］
广东省公共数据管理办法	2021 年 10 月 18 日	国司备字［2021005015］
惠州市停车场建设与管理办法	2021 年 10 月 11 日	国司备字［2021004910］
广西壮族自治区电动自行车机动轮椅车管理办法	2021 年 10 月 15 日	国司备字［2021004911］
四川省人民政府关于将一批省级行政职权事项调整由成都市及 7 个区域中心城市实施的决定	2021 年 10 月 13 日	国司备字［2021004977］
西藏自治区实施《宗教事务条例》办法	2021 年 9 月 26 日	国司备字［2021005064］

二、中华人民共和国新法规汇编 2021 年目录索引

法　　律

有关法律问题的决定

行政法规

国务院文件

国务院部门规章

司法解释

图书在版编目(CIP)数据

中华人民共和国新法规汇编. 2021 年. 第 12 辑:总第 298 辑/司法部编. —北京:中国法制出版社,2022. 4

ISBN 978-7-5216-2631-5

Ⅰ. ①中… Ⅱ. ①司… Ⅲ. ①法规-汇编-中国-2021 Ⅳ. ①D920. 9

中国版本图书馆 CIP 数据核字(2022)第 060093 号

中华人民共和国新法规汇编

ZHONGHUA RENMIN GONGHEGUO XIN FAGUI HUIBIAN

(2021 年第 12 辑)

编者/司法部

经销/新华书店

印刷/三河市紫恒印装有限公司

开本/850 毫米×1168 毫米 32 开　　印张/4. 375　字数/110 千

版次/2022 年 4 月第 1 版　　2022 年 4 月第 1 次印刷

中国法制出版社出版

书号 ISBN 978-7-5216-2631-5　　定价:18. 00 元

北京市西城区西便门西里甲 16 号西便门办公区

邮政编码:100053　　传真:010-63141600

网址:http://www.zgfzs.com　　**编辑部电话:010-63141663**

市场营销部电话:010-63141612　　**印务部电话:010-63141606**

(如有印装质量问题,请与本社印务部联系。)